정우철

작품 분석이 주를 이루던 기존의 미술 해설에서 벗어나 화가의 삶을 들려주는 방식으로 관객들을 매료시키며, 입문 5년 만에 스타 도슨트로 자리매김한 우리나라의 대표적인 전시 해설가. 특히 EBS 클래스ⓒ 〈도슨트 정우철의 미술 극장〉으로 시청률 1위를 기록하며 '미알못'들에게 그림 감상하는 재미를 선사했다는 찬사를 받고 있다.

1989년에 태어나 직장 생활을 하던 중 '행복한 일을 하고 싶다'는 마음으로 무작정 퇴사했다. 평소 그림을 좋아한 데다 화가였던 어머니의 개인전에서 처음 전시를 경험했던 기억을 떠올리고 전시장 스태프로 일하며 도슨트가 되기 위한 준비를 했다. 2019년 8월 우연히 맡게 된 〈베르나르 뷔페전〉 전시 해설이 SNS에서 엄청난 화제를 모으며 이름을 알렸고, 이후 툴루즈로트레크, 알폰스 무하, 앙리 마티스, 마크 샤갈 등의 전시 해설을 맡으며 '믿고 신청하는' 도슨트로 급부상했다. 지금은 전시 해설뿐 아니라 여러 강연과 인터뷰를 통해 그림 감상하는 재미를 알리는 데 힘쓰고 있다.

ⓞ jwooc0911_

EBS CLASS ⓔ 인문교양 시리즈는 한국교육방송공사(EBS)의 명품 강의 프로그램 〈클래스ⓔ〉에서 엄선한 톱클래스 강의를 책으로 발간합니다. 오직 EBS에서만 만나볼 수 있는 대한민국 대표 지성들의 지식 살롱으로 초대합니다.

미술 극장

도슨트 정우철의

미술 극장

정우철 지음

EBS BOOKS

Contents

Prologue

마음으로 만나는
화가들의 이야기

처음으로 전시 해설을 시작할 때만 해도 제가 EBS 교양 강좌로 시청자들을 만나게 될 거라고는 꿈에도 생각하지 못했습니다.

사람들에게 화가의 인생을 들려주고 싶은 마음에 전시 해설을 시작했고 평소 미술에 관심이 없던 분들이 저의 작품 해설을 계기로 미술에 흥미를 느끼고, 나아가 취미로 자리 잡기를 바라며 묵묵히 이 일을 했습니다. 그렇게 저의 진심을 알아봐주는 분들이 늘어나면서 다수의 강연과 매체 활동을 이어왔고 지난해에는 EBS 〈도슨트 정우철의 미술 극장〉 출연이라는 기회가 주어졌습니다. 또한, 프로그램에 대한 많은 관심 속에서 〈도슨트 정우철의 미술 극장〉의 후속 프로젝트로 이 책을 출간하게 되었습니다.

이 책을 통해 평소 해왔던 강연이나 전시 해설과는 조금 다른, 다소 긴 호흡의 문장으로 독자분들과 소통하고자 합니다. 분량 때문에 방송에서 풀어낼 수 없었던 화가들의 더 깊은 이야기도 담겨 있어요. 화가들의 인간적인 면모가 담긴 일상의 모습, 화가 주변의 사람들, 또 그들의 작품에 대한 저 나름의 주관적 시선 등이 곳곳에 녹아 있습니다. 읽다 보면 분명 느끼실 수 있을 거예요. 당대 최고의 예술가라 일컬어지는 화가들의 삶이 지금 우리와 별반 다르지 않다는 것을요. 그들도 우리처럼 바라던 일이 잘 풀리지 않아 좌절을 경험하기도 했고, 자신의 재능을 펼쳐볼 기회조차 박탈당하는 시기를 감내하기도 했습니다. 저는 이 책을 통해 독자분들이 화가의 삶에 공감할 수 있기를 바랍니다. 한편으로는, 더 나아가 우리네 삶을 반추해 볼 수 있는 계기가 되었으면 합니다. 아마 화가들의 인생은 여러분에게 시대를 초월한 감동을 전해줄 거예요.

한때 제가 미술을 해설하는 방식에 대한 고민이 있었습니다. 나의 해설 방식이 옳은 걸까? 만약 틀린 거라면 어쩌지? 그런데 화가의 삶을 공부하면서 문득 머릿속 안개가 걷히듯 결론에 도달할 수 있었어요. 누구도 타인의 삶에 대해 옳고 그름을 함부로 재단할 수는 없다는 것이었죠. 이 책에서 소개하는 화가들의 이야기를 조금 해볼까요? 그들은 때로 당대인들에게 날선 비난을 받기도 했습니다. 기성 화가들이 답습해 온 방식과 '다르다'는 이유에서였습니다.

그들이 비난받아 마땅한 사람들이었나요? 대답은 여러분이 더 잘 아시리라 생각합니다. 이처럼 우리의 삶을 채우고 있는 것은 옳고 그름이나 성공과 실패의 이분법으로 분류할 수 없는, 개인의 일관된 주관과 신념이 아닐까요.

이 책에 소개한 화가 중 한 명인 알폰스 무하는 30대 초반까지는 그저 무명의 화가 지망생에 불과했습니다. 누구도 그의 독특한 그림을 인정하거나 지지해 주지 않았지만 그는 자신의 스타일을 묵묵히 고수하며 그림을 연마했죠. 그 결과는 어땠을까요? 그의 재능을 단번에 알아본 운명의 은인 사라 베르나르와의 만남을 통해 마침내 오랜 꿈을 이룰 수 있었습니다. 또 자신의 노력이 틀리지 않았다는 확신을 갖게 되었죠. 어떤가요? 분명 우리의 일상에도 이런 경험이 한 번쯤은 있지 않았을까요? 저에게는 EBS 〈도슨트 정우철의 미술 극장〉과의 만남이 그런 경험이었어요. 제가 그러했듯 독자 여러분들 또한 미술을 통해 새로운 기회를, 신선한 지식을 얻을 수 있기를 바랍니다.

"신이 인간을 만들 때,
인생 최고의 순간을 두려움 뒤에 숨겨놓았다."

이 말은 제가 스스로에게 가장 자주 하는 말입니다. 원래 긴장을 많이 하는 탓에 첫 녹화를 앞두고도 걱정과 우려로 여러 날 동안 잠을 설치곤 했습니다. 그럴 때면 속으로 이 말을 읊조리며 준비에 더욱 매진했고, 그 결과 녹화를 무사히 마칠 수 있었어요. 뿐만 아니라 시즌 1에 대한 열띤 호응으로 시즌 2가 제작되었으니, 최고의 순간은 두려움 뒤에 있다는 말이 정말 현실이 되었네요. 실은 책을 준비하면서도 여느 때와 마찬가지로 걱정이 컸습니다. 내가 잘 쓸 수 있을까 싶었어요. 전하고자 하는 이야기를 충분히 담아내고 싶은 마음에 생각이 많아졌던 것이죠. 막상 출간을 앞두고 나니 언제 그랬냐는 듯 마음속에 설렘이 가득합니다.

코로나로 라이프스타일이 점차 변하고 있으며 고독이 삶의 일부로 자리 잡았습니다. 아무쪼록 이 책에 담긴 화가들의 이야기가 여러분의 고독을 잠시 거둬줄 수 있는 다정한 친구가 되기를 바랍니다. 끝으로 책이 나올 수 있도록 도움을 주신 분들과 그림을 사랑하는 모든 분들께 진심으로 감사드립니다.

정우철 드림

1840년 모네
프랑스에서 탄생

1860년 무하
체코에서 탄생

1862년 클림트
오스트리아에서 탄생

1864년 툴루즈로트레크
프랑스에서 탄생

1800   1860   1870

1866년 모네
〈정원의 여인들〉로 살롱전 도전

1872년 모네
〈인상, 해돋이〉완성, 인상파의 태동

1869년 모네
〈라 그르뉴예르의 수영객들〉로
살롱전에 재도전

Chronology

한눈으로 보는 미술 극장 연표

1884년 모딜리아니
이탈리아에서 탄생

1880

1890

1887년 툴루즈로트레크
〈빈센트 반 고흐의 초상〉
완성, 코르몽의 화실에서 반
고흐와 우정을 쌓음

1893년 툴루즈로트레크
〈디방 자포네〉 완성, 그만의
포스터 스타일이 시작됨

1888년
- **클림트**
    〈옛 부르크 극장의 관객석〉
    완성

1894년
- **툴루즈로트레크**
    〈물랭가의 살롱에서〉
    완성

- **툴루즈로트레크**
    연인 수잔 발라동을 모델로
    〈세탁부〉 완성

- **무하**
    아카데미 쥘리앙 입학

- **무하**
    〈지스몽다〉 완성,
    사라 베르나르와의
    인연이 시작됨

- **모네**
    연작 〈건초 더미〉 착수

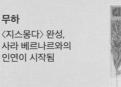

1901년 툴루즈로트레크
사망

1900

1910

1896년 무하
아르누보의 대표작 〈황도십이궁〉 완성

1897년
클림트가 초대 회장을 맡은 빈 분리파 탄생

1898년
- 클림트
  빈 분리파 제1회 전시회 개최

- 모딜리아니
  사립미술학교에서 미술 공부 시작

1906년 모딜리아니
더 넓은 미술 세계를 경험하고자 파리로 이사

1907년 클림트
〈아델레 블로흐바우어의 초상〉 완성

1908년 클림트
황금빛의 〈키스〉 완성

1909년 모딜리아니
〈노란 재킷을 입은 여인〉 완성

1910년 무하
연작 〈슬라브 서사시〉 착수

1912년 클림트
클림트만의 정사각형 풍경화
〈사과나무〉 완성

1914년 모네
연작 〈수련〉 착수

1920년 모딜리아니
사망

1918년 클림트
사망

1926년 모네
사망

1939년 무하
사망

1920

1930　　**1940**

1917년 모딜리아니
- 잔 에뷔테른과 만남
- 첫 번째 개인전을 열었으나
  풍기문란죄로 무산

1918년
- 클림트
  유작 〈신부〉를 그리기
  시작했으나 완성하지 못함

- 모딜리아니
  〈큰 모자를 쓴 잔 에뷔테른〉 완성

1928년 무하
연작 〈슬라브 서사시〉 전시회 개최

'황금빛의 화가' 하면
누구나의 머릿속에 떠오르는 사람,
구스타프 클림트죠.

클림트의 작품 중에 가장 널리 알려진 것이 〈키스〉이듯이, 오스트리아 빈 공항에 내리면 수하물 찾는 곳에서부터 공항 벽을 온통 도배한 그림이 〈키스〉이듯이 말입니다.

클림트의 이름이나 〈키스〉라는 작품명을 모르는 사람이라도 이 그림을 모르는 사람은 거의 없습니다. 하지만 곰곰이 생각해 보면 이 황금빛 그림이 익숙한 것과는 달리 클림트라는 화가에 관해서는 아는 바가 많지 않습니다. 유명한 화가가 된 이후에는 우리가 아는 그림과는 사뭇 다른 그림을 그렸다는 사실을 아는 사람도 드물죠. 그의 이름을 알린 그림도, 인생의 터닝 포인트였던 그림도, 황금빛의 눈부신 그림들과는 전혀 다른 작품이었습니다. 그가 남긴 작품 대부분 또한 마찬가지고요.

클림트의 작품을 찬란한 황금빛으로 이끈 계기는 무엇이었을까요?

살아생전 자신을 알고 싶거든 자신의 작품을 보라고 했다는 화가. 원하는 바는 모두 그림에 담았으니 그걸 보고 클림트가 어떤 사람인지 찾아내라고 했다는 화가. 지금부터 눈을 크게 뜨고 마음을 더 열고 클림트의 삶을, 그 자신이 온전히 담긴 그림을 따라가 보겠습니다.

Gustav Klimt

1862~1918

빈에서
가장 잘나가는
초상화가가 되다

가난한 예술가가 택할 수 있는 길에는 어떤 것들이 있을까요. 태어나서부터 줄곧 굶주림과 가난에 허덕였던 클림트는 청소년기에 접어들 무렵 그 고민에 답을 내립니다. 성공해서 돈을 벌겠다고요. 자신이 펼치고자 하는 예술관과 하루하루를 살아내야 하는 현실 사이에서 꽤 오랫동안 위태로운 줄타기를 했던 수많은 예술가들을 떠올리면 퍽 이른 다짐처럼 보입니다. 청년기의 방황은 무릇 이야깃거리가 되지도 않을 만큼 어느 예술가나 거쳐가는 돌풍이었고, 몇몇에게는 그 헤맴이 느지막한 나이까지 이어지기도 했습니다.

　하지만 클림트 역시 순탄하기만 한 날들을 보낸 건 아닙니다. 학교를 마치고 생각처럼 일이 들어오지 않아 고민하던 시절도 있었고, 유명세를 얻은 지 얼마 지나지 않아 아버지와 동생을 한꺼번에 잃고 빈을 떠나 행적이 묘연했던 시절도 있습니다. 다만 다른 점이 있다면 어린 클림트는 자기 앞에 놓인 삶을 어떻게 살아나갈지, 성인이 되기 전에 이미 그 길을 정했다는 것이죠. 기필코 성공해서 이 가난에서 벗어나리라, 출세하여 돈을 많이 벌어 이 끔찍한 가난을 다시는 겪지 않겠다, 하고 말입니다. 크리스마스가 됐는데 집에 먹을 빵 한 조각이 없었던 적도 있었으니 어쩌면 필연적인 다짐이었을지도 모르겠습니다. '황금빛의 화가'라는 수식어가 연상시키는 바와 같이 부유하고 화려하게 살았을 듯한 이미지와는 멀어도 한참 멀죠.

당시 빈에서 화가로 성공하기 위해, 그러니까 돈을 많이 벌기 위해 그려야 하는 그림은 정해져 있었습니다. 있는 그대로를 실감 나게 사실적으로 매끈하게 그리면서도 이상화된 그림이었습니다. 금방이라도 살아 움직일 것만 같은 생동감이 흘러넘치는 그림이 좋은 그림으로 평가받았죠. 수많은 실감 나는 그림 가운데서도 특정 그림을 눈에 띄게 하는 것은 남들과는 한 끗 다른 센스였습니다. 우리가 스마트폰 기본 내장 카메라로 찍는 사진보다 필터가 있는 사진 앱으로 찍는 사진을 좋아하고, 그게 그것 같은 사진 필터 가운데서도 유난히 인기 있는 필터가 있는 것과 비슷한 이유가 아닐까요. 누가 봐도 그 사람을 그린 듯 최대한 자연스러우면서도 아름답게 그리는 화가에게는 일이 물밀듯이 들어왔습니다. 이런 그림을 전통주의 아카데미즘이라고 부릅니다. 붓 터치 하나 보이지 않게 매끄럽고 사실적이지만 이상화된 그림이죠.

이런 사실적인 그림의 인기는 실은 십몇 년이라는 꽤 큰 간극으로 프랑스 파리를 한 차례 휩쓸고 지나간 다음이었습니다. 파리보다는 한발 늦은 그때 빈에서는 너무나도 진짜 같아 얼핏 사진인지 착각할 정도로 실제 모습을 그대로 옮겨놓은 그림이 사람들에게 환호를 받았습니다. 클림트가 초창기에 그린 그림들이 아카데미즘에 충실한 그림들입니다. 일찍이 성공을 목표로 삼은 사람답게 시대가 원하는 바를 정확히 포착한 것입니다. 우리에게 남은 황금빛의 화가라는 이미지는 아직 기색도 드러나지 않았던 시절입니다. 클림트가 그린 사실적인 작품은 그를 스타덤에 올려놓았습니다. 가장 유명한 작품을 두 가지 꼽자면 부르크 극장Burgtheater의 천장화와 〈옛 부르크 극장의 관객석Zuschauerraum im Alten Burgtheater(1888)〉입니다.

Zuschauerraum im Alten Burgtheater 옛 부르크 극장의 관객석, 클림트, 1888
저 그림 속 다수가 실존했던 인물이라 큰 충격을 주었죠. 당시 귀족들에게 이 그림에 등장한다는 것은 명예로운 일이었습니다. 얼굴과 옷차림 모두 세심하게 담아내 이 그림으로 클림트는 일약 스타가 되었습니다.

여기서 잠깐, 한스 마카르트Hans Makart라는 인물을 살펴보고 넘어가겠습니다. 한스 마카르트는 당대 화가들이 선망하고 따르던 화가들의 화가였다고 하죠. 회화의 왕자, 빈의 우상이라고 불렸다고 하니 그 위용을 짐작할 만합니다. 유명세에 걸맞게 그에게 쏟아지는 작업 의뢰도 끊이지 않았습니다. 빈이 원하던 그림, 입이 절로 벌어지게 만드는 생생한 그림을 그리는 화가 중에서도 제일 잘나가는 사람이었기 때문입니다. 머리카락 한 올까지 섬세하게 그리면서도 거대한 스케일에 걸맞은 압도적인 웅장함을 놓치지 않는 화가, 한스 마카르트에게 그림을 그려달라고 줄을 서서 기다리는 발주처는 끊이지 않았습니다. 합스부르크 왕가도 그중 하나였고요.

돈을 벌어다 줄 그림을 그리겠다고 다짐했던 클림트는 팔 수 있는 디자인을 가르치는 장식미술학교에 들어가 공부를 했고, 졸업 후 프란츠 마치Franz Matsch라는 화가와 동생인 에른스트Ernst Klimt와 함께 아티스트 컴퍼니를 만들었는데요. 당시 빈에서는 재건축 붐이 한창이었던 터라 새로 건물을 지으면 벽화를 그려야 한다는 점을 노린 것이었죠. 그러나 모든 수주는 한스 마카르트에게 쏟아졌습니다. 하지만 머지 않아 클림트에게도 기회가 찾아옵니다. 한스 마카르트가 불현듯 병으로 하루아침에 세상을 등지고 만 것입니다. 그림을 의뢰하는 사람들이 다른 화가를 찾아나서기 시작했고, 어느 날 아티스트 컴퍼니에 부르크 극장의 천장화를 그려달라는 의뢰가 들어옵니다. 클림트 인생의 전환점이 된 순간이었죠.

Charlotte Wolter als Messalina 샤를로테 볼터가 분한 메살리나 황후, 한스 마카르트, 1875

당시 유명한 배우였던 샤를로테 볼터가 로마시대에 가장 방탕한 황후로 유명했던 메살리나 황후로 분장한 모습입니다.

Der Triumph der Ariadne 바쿠스와 아리아드네, 한스 마카르트, 1874

당시 빈에서 벽화를 그린다면 누구나 한스 마카르트에게 그림을 부탁했습니다. 그가 갑자기 죽고 클림트는 부르크 극장의 천장화를 그려달라고 요청을 받았죠. 그것이 그에게 큰 전환점이 되었습니다.

빈에 가보신 분이라면 아마 빈 여행 필수 코스 가운데 하나인 부르크 극장에 가보셨을 겁니다. 부르크 극장이 원래는 다른 자리에 있었다고 해요. 18세기 중반에 처음 지어져 몇 번이나 개축을 거듭하다가 도시 전체에 재건축 붐이 일 때 부르크 극장도 지금의 링슈트라세Ringstraße로 이전했고, 새로 지어지는 건물에 천장화를 그릴 화가를 찾다가 클림트가 소속한 아티스트 컴퍼니에도 연락이 닿은 것입니다. 그 규모가 무색하지 않게 클림트와 프란츠 마치, 에른스트 클림트가 모두 달려들어 함께 부르크 극장의 천장화를 그렸습니다. 그중에서 천장 한가운데에 있는 로미오와 줄리엣을 공연한 연극의 한 장면, 싸늘하게 식어버린 줄리

클림트의 천장화가 있는 곳, 빈의 부르크 극장. 여전히 클림트 형제와 프란츠 마치가 그린 천장화가 남아 있습니다.

엣 앞에서 로미오가 음독 자살을 하는 장면을 그린 그림이 클림트의 작품입니다. 거대한 천장화는 세 사람이 그리면서도 한 사람이 그린 듯 튀는 곳 없이 조화로워서 누가 어느 부분을 그렸는지 명확하게 파악하기 힘들었다고 하는데요. 나중에 클림트가 그린 줄리엣의 스케치가 발견되면서 이 작품은 클림트가 그렸다는 것이 확인되었죠. 절절한 사랑이 끝내 비극으로 끝나는 순간 두 연인이 느끼는 절망감, 연극의 전개에 너무 놀란 나머지 자리에서 일어나 무대로 몸을 기울인 관객에게서 전해지는 몰입감, 사람들이 저마다 앉은 자리에서 목을 빼고 고개를 내밀어 제각각 안타까운 표정으로 무대를 바라보는 장면까지 부르크 극장의 천장화

Romeo und Julia 부르크 극장의 천장화 〈로미오와 줄리엣〉
이 작품은 클림트의 작업실에서 스케치가 발견되어 클림트의 작업으로 알려져 있습니다. 등장인물의 생생한 표정이 사실적인 느낌을 더해주죠.

가 자아내는 생생함에 작품을 보는 모든 사람이 입을 다물지 못했습니다. 부르크 극장의 천장화가 수많은 사람들에게 극찬을 받으면서 클림트는 드디어 빈의 예술계에서 스타덤에 오르게 됩니다.

비슷한 시기에 그린 〈옛 부르크 극장의 관객석〉 역시 그를 수많은 사람에게 알린 그림인데요. 링슈트라세로 이전하기 전, 미하엘 광장 Michaelerplatz에 있던 기존의 부르크 극장을 그린 그림이 〈옛 부르크 극장의 관객석〉입니다. 합스부르크 왕가는 백 년이 넘도록 유럽의 일류 극장을 자처한 부르크 극장을 허물면서 이곳을 기록할 필요를 느꼈겠죠. 이미 사진 기술이 발명된 이후였지만 사진으로 남기는 건 품격이 없다고 생각한 왕가에서는 그림으로 남기기로 하고 클림트에게 그 작업을 맡겼습니다. 왕가에서 바란 바는 극장 구조물을 세밀하게 남기는 것이었다고 하죠. 하지만 클림트는 이 작업을 조금 다르게 바라봅니다. 역사 속으로 사라질 구조물뿐만 아니라 극장에서 살아 숨쉬던 또 다른 예술과 그것에 환호하던 관객을 함께 그림으로써 차가운 돌 건축물 대신 예술의 열기가 가득했던 공간 그 자체를 화폭에 남긴 것입니다. 놀라운 사실은 객석을 가득 메운 사람 중 다수가 실존하는 인물이었다는 점인데요. 클림트는 실제로 당시 빈에 살던 귀족 한 명 한 명을 그림 속에 그려 넣었습니다. 자세히 살펴보면 더 놀라실 겁니다. 하나하나 얼굴, 옷차림, 표정까지 모두 다르다는 것을 알 수 있거든요.

〈옛 부르크 극장의 관객석〉은 그야말로 빈을 뒤흔들었습니다. 사진처럼 정확하면서도 사진에는 없는 품격을 담은 그림, 사람 하나하나의 특징을 정교하게 담아낸 그림을 그린 클림트에게 그날로부터 귀족들의 초상화 의뢰가 물밀듯이 쏟아지기 시작합니다. 상류층 사람들에게 인정을 받으며 클림트의 화가 인생이 날개를 다는 순간이었습니다.

그나저나 다른 사람의 얼굴을 수없이 그린 클림트는 아이러니하게도 자신의 자화상은 단 한 점만을 남겼습니다. 당시 화가들은 대부분 자화상을 꽤나 많이 그렸다는 점을 미루어 보면 몹시 특이한 사실인데요. 클림트의 유일한 자화상조차 자화상이라 불러도 될지 모를 그림입니다. 사람이라기보단 우스꽝스러운 수탉의 형상을 하고 있거든요. 방금 소개한 두 가지 웅장한 작품이나 우리에게 익숙한 화려한 금빛의 그림들과는 몹시 대조가 되는 익살스러운 그림입니다.

흥미로운 사실을 하나 알려드릴까요? 자화상은 캐리커처 스타일로 그린 하나가 전부지만 사실 클림트가 자기 얼굴을 진지하게 사실적으로 그린 유일한 그림이 따로 있답니다. 앞서 소개한 부르크 극장의 천장화, 비극적인 결말에 다다른 로미오와 줄리엣의 모습을 안타깝게 바라보고 있는 사람 가운데 클림트가 있습니다. 클림트뿐 아니라 동생인 에른스트, 함께 일했던 프란츠 마치도 함께요. 클림트를 찾으셨나요?

오른쪽 끝 기둥 옆에 서 있는 붉은색 옷차림을 한 사람이 동생인 에른스트, 그 옆에 검정색 모자를 쓴 사람이 프란츠 마치고요. 두 사람 사이로 보이는, 목 주변을 화려하게 휘감은 주름진 흰색 칼라, 러프Ruff가

클림트가 자신을 그린 캐리커처. 당대 화가와 달리 클림트는 자화상을
거의 그리지 않았습니다. 대신 수탉의 모습 같은 캐리커처를 그렸죠.

돋보이는 사람이 구스타프 클림트입니다. 이목구비가 뚜렷하고 어딘가
분위기 있는 듯해 보이는 모습이지만, 흰색 수탉의 모습을 한 자화상에
도 등장하는 클림트의 트레이트마크인 짙은 콧수염이 어딘가 닮아 보이
지 않나요?

모든 시대에는
그 시대의 예술을,
예술에는
자유를

타고난 실력에 당시의 사회상 그리고 몇 가지 우연까지 맞아떨어지며 클림트는 아티스트 컴퍼니를 설립한 지 10여 년 만에 빈에서 가장 잘나가는 화가가 됩니다. 아티스트 컴퍼니 설립 초기, 일이 없어 고민이었던 시절의 기억이 채 가시기도 전에 말이죠. 누구나 꿈을 꾸지만 그 꿈을 모두가 다 이루는 것은 아닌데요. 비록 가난했던 어린 시절을 지나기는 했으나 성인이 되고 나서는 꽤 순탄한 인생을 살아가는 듯했죠.

　　그러나 클림트에게도 슬럼프라는 것이 찾아옵니다. 왜, 살다 보면 힘든 일들이 잇따라 찾아오는 그런 날이 있죠. 지루할 정도로 평범했던 어제가 간절해질 만큼 감당하기 어려운 일들이 연달아 찾아오는 날 말입니다. 완전히 성공한 화가로 자리 잡아 빈 미술대학 교수로 추천받을 만큼 주류 화가로 인정받은 클림트에게도 그런 시련이 닥칩니다. 1892년, 성공의 달콤함을 이제 막 만끽하려고 할 즈음 아버지가 56세의 나이에 뇌출혈로 돌아가십니다. 그리고 같은 해 혈육이자 아티스트 컴퍼니에서 함께 그림을 이야기하고 미래를 그리던 친동생 에른스트도 운명을 달리한 것입니다. 한 해에 사랑하는 가족을 둘이나 잃은 클림트는 화가의 길에 들어서고 처음으로 붓을 놓습니다. 몇 년간 캔버스에는 손도 대지 않아 그사이의 기록은 어디에도 남아 있지 않죠. 어디로 향했는지는 모르나 한동안은 아예 빈을 떠나 있기도 했다고 합니다. 체코에서 나고 자랐던 알폰스 무하나 노르웨이 출신 에드바르트 뭉크처럼 당시에 유럽에서 활동했던 화가들 상당수가 그림을 더 배우고 새로운 세상을 만나고자 파리로 모여들었던 것과 달리 클림트는 평생을 빈에서 활동하며 빈을 떠나지 않아 '빈의 화가'라고도 불리는데요. 그런 클림트도 빈을 뒤로할 만큼 견뎌내기 버거운 상처를 받은 것이었죠.

가족을 잃은 상실감에서 비롯한 3년에 걸친 방황은 클림트를 송두리째 바꿔놓았습니다. 오직 성공을 향해 달려가던 클림트를 멈추어 세우고 그동안의 삶을 돌아보게 합니다. 클림트는 깨달았습니다. 성공만이 전부는 아니구나, 하는 것을요. 인생의 덧없음과 허무함을 뼈저리게 통감한 클림트는 더는 나라가 원하는 예술을 하지 않겠다고, 이제부터는 자신이 원하는 예술을 하겠다고 다짐합니다. 자기 자신의 예술을 마음껏 펼치겠다고요. 다짐은 혼자만의 다짐으로 끝나지 않고 뜻을 같이 하는 예술가들을 모아 새로운 사조를 불러일으키기에 이릅니다. 1897년, 클림트가 초대 회장을 맡은 빈 분리파Wiener Secession가 탄생하는 순간이었습니다. 그들은 빈 분리파 회관을 짓고 건물 주출입구 위쪽에 또렷하게 새겨 넣었습니다. "모든 시대에는 그 시대의 예술을, 예술에는 자유를DER ZEIT IHRE KUNST DER KUNST IHRE FREIHEIT." 클림트의 스타일이 바뀌는 터닝 포인트였죠. 이제부터 우리가 아는 클림트의 그림이 조금씩 그 모습을 드러내기 시작합니다.

분명 아는 단어로 이루어진 말인데도 사상이나 사조를 일컫는 용어는 몹시 낯설고 어렵게 느껴지는데요. 단순하게 바라보면 의외로 직관적입니다. 빈 분리파 역시 말 그대로 '빈'에서 '분리'한다는 뜻입니다. 여기서 '빈'이 뜻하는 바는 오스트리아의 수도인 도시 빈이자 오스트리아라는 국가, 그리고 전통이고요. 전통을 따르지 않고 전통에 얽매이지 않고 자기가 추구하는 예술을 하기 위해 빈 분리파에 모인 예술가들은 그때까지 국가나 사회가 요구했던 예술과는 분명한 선을 긋습니다. 누구의 말도 듣지 않았죠. 권력이든 권위든 어느 것에도 굴하지 않고 그들과 완전히 분리되어 예술가 자신이 추구하는 그림을 그렸습니다. 대충 듣기에도

빈 분리파 회관. "모든 시대에는 그 시대의 예술을, 예술에는 자유를" 입구에서부터 빈 분리파의 목표를 당당하게 말하고 있죠. 이 맞은편에 빈 미술 아카데미가 있다는 것이 더욱 흥미롭습니다.

예사롭지 않아 보입니다. 과연 세상을 쥐고 흔드는 존재들의 의견에 반하는 일이 그렇게 녹록할까 싶죠. 역시 만만치는 않았습니다. 그렇다고 순순히 물러나지도 않았지만 말입니다.

　　흥미롭게도 빈 분리파 회관 맞은편에는 이보다 더 전통적일 수 없는 예술학교인 빈 미술 아카데미가 있었습니다. 뚜렷한 두 가지 사상이 실체적으로 대립하는 인상적인 장면이었죠. 예술학교는 오랜 역사를 자랑하는 전통적이며 동시에 보수적인 예술 교육 기관이었습니다. 처음엔 누구나 죽어라 석고 데생을 해야 하고, 앞선 사람들이 정해놓은 아름다운 그림의 표준을 좇고, 무언가를 그릴 땐 먼저 뼈대를 잡고 이어서 피부를 그리고 그다음에 옷을 입히는, 그야말로 지극히 전통적인 미술 교육이 이루어지는 곳이었죠. 새로운 외침은 관습과 전통에 쉽게 짓밟혔습니다. 제 발로 걸어나가는 학생도 있고 저항하다 쫓겨나는 학생도 있었죠. 자기 목소리를 내다가 퇴학을 당한 어느 한 학생이 어느 날 빈 분리파 회관에서 열리는 전시회에 와서는 클림트를 찾더니 자신의 스승이 되어달라고 청합니다. 클림트는 학생에게 그림을 그려보라고 말하고 학생은 클림트 앞에서 자신만의 개성을 가득 담은 드로잉을 선보이죠. 예사롭지 않은 실력이었습니다. 까마득한 후배가 무서운 재능을 보일 때 예술가들은 어떻게 행동할까요. 마흔다섯의 클림트는 열일곱이었던 학생에게 자신은 너의 스승이 될 수 없다고, 이미 네 실력이 자신을 뛰어넘었기 때문이라고 이야기합니다. 스물여덟이라는 나이를 뛰어넘어 있는 그대로의 실력으로만 상대를 인정했을뿐더러, 예술가로서의 자신을 위협할 경쟁자가 아니라 함께 예술을 이야기하고 펼쳐나갈 벗으로 받아들인 것이죠. 학생은 정식으로 빈 분리파의 회원이 되었고 이후 클림트의 표현주의를 이어받고 더 발전시켜 자신만의 뚜렷한 작품 세계를 펼치며 이름을 알립니다. 우리가 잘 아는 빈의 대표 화가, 에곤 실레Egon Schiele입니다.

Selbstporträt mit Lampionfrüchten 꽈리 열매가 있는 자화상, 에곤 실레, 1912
에곤 실레는 독특하면서 현대적인 화풍으로 무척 유명한 화가입니다. 클림트와는 완전히 다른 스타일이지만 두 사람은 나이를 초월한 우정을 맺었어요.

빈 분리파가 준비한 제1회 전시회는 행사를 알리는 포스터를 인쇄하는 단계에서부터 원활하지 않았습니다. 국가는 몇몇 예술가들이 모여 빈 분리파를 설립하며 이제부터 국가가 원하는 예술이 아니라 우리들이 원하는 예술을 하겠다고 소리치던 이 새로운 사조와 그에 동조하는 예술가들을 눈엣가시처럼 바라봤습니다. 각종 검열을 이유로 들며 포스터 인쇄 단계에서부터 우리가 먼저 좀 봐야겠다고 나섰죠. 그럴 만도 했던 것이 포스터는 빈 분리파가 그들의 가치관과 사상을 세상에 선포하는 일종의 선언이었기 때문입니다. 글을 쓰는 사람은 글로, 말을 하는 사람은 말로, 음악을 하는 사람은 음악으로 이야기하듯 그림을 그리는 사람들답게 그림으로 이야기했습니다. 빈 분리파 제1회 전시회 포스터가 클림트의 작품이죠.

포스터에는 신화 속 세 존재가 등장합니다. 영웅들을 수호하고 도시를 지키는 창과 방패를 든 전쟁의 신 아테나, 사람의 몸에 황소의 머리를 한 반인반수 괴물 미노타우로스, 조금의 머뭇거림도 느껴지지 않는 다부진 몸으로 이 괴물의 숨통을 끊어놓고 있는 아테네 최고의 영웅 테세우스가 그들입니다. 짐작하시다시피 테세우스가 상징하는 것이 빈 분리파이고요, 미노타우루스는 오래된 전통입니다. 우리 빈 분리파가 과거 전통을 죽이고 새로운 예술을 만들겠다, 하는 선언을 포스터에 담은 것이죠.

Plakat der 1.
Ausstellung der Secession
빈 분리파 제1회 전시회 포스터 원본, 클림트, 1898

Plakat der 1.
Ausstellung der Secession
빈 분리파 제1회 전시회 포스터 최종, 클림트, 1898

영웅 테세우스의 모습이 외설적이라는 이유로 원본
에 나뭇가지를 그려 넣어 최종 포스터를 만들었습니
다. 빈 분리파의 파격적인 스타일이 그대로 드러나는
포스터죠?

어느 모로 보나 국가나 기득권층이 호락호락하게 넘어갈 내용이 아닙니다. 나라에서 검열을 이유로 들며 훼방을 놓는 것도 그들의 관점에서 보면 마땅한 대응이었죠. 하지만 신화 속 내용을 그대로 그렸을 뿐인 이 포스터에 무슨 핑곗거리를 댈 수 있었을까 싶은데요. 인쇄를 멈추게 한 검열 이유는 '선정성'이었습니다. 영웅인 테세우스가 성기까지 노출한 채 나체로 등장하는 모습이 야하고 외설적이라서 포스터 제작을 허가할 수 없다고요. 여기서 클림트가 발휘하는 재치가 흥미롭습니다. 테세우스의 중요 부위에 너무나도 자연스럽게 가느다란 나무 기둥을 그려 넣은 '진짜최최종' 버전을 만들어 검열 당국의 입을 틀어막아 버린 것이죠. 이로써 우여곡절 끝에 문제의 빈 분리파 제1회 전시회 포스터가 본격 인쇄에 들어가게 되고, 즉 지금 우리가 미술관에서 보는 포스터는 모두 나무로 테세우스의 나체를 가린 수정 버전입니다. 이쯤 되니 클림트가 어쩌면 처음부터 검열할 거리를 던져준 게 아닐까 싶은 추측이 들기도 하는데, 여러분의 생각은 어떠신가요?

참, 빈 분리파 제1회 포스터에서 한 가지 더 주의 깊게 살펴볼 점이 있습니다. 포스터 면적의 거의 절반을 차지하는 여백입니다. 생각해 보면 중세로부터 이어져온 사실적으로 표현하는 그림에서는 여백을 보기 어렵죠. 여백은커녕 배경의 빈 공간까지 가득 채운 그림이 훨씬 보편적이었으니까요. 우리가 지금 보기에는 전혀 어색할 것이 없지만 당시만 해도 이렇게 커다란 여백을 두는 것은 몹시도 낯선 기법이었습니다. 클림트의 그림에 변화가 찾아들기 시작했음을 보여주는 일례입니다. 지금까지 그려왔던 사실적인 묘사는 점점 찾아보기 어려워지고 본인이 하고 싶은 예술을 펼쳐나가고 있음을 짐작할 수 있죠. 눈에 보이는 것, 물리적인 실체를 넘어 관념이나 무의식, 전설 등의 물질적이지 않은 것을 화가만의 방식으로 표현하는 상징주의로 넘어가는 순간이었습니다.

국가로부터의
의뢰는
이제 그만
사양하겠습니다

논란은 여기서 그치지 않았습니다. 차라리 뜻을 같이하는 예술가들이 함께 모여 선언하는 바는 백번 양보해서 독립적인 영역이라고 하더라도 클림트가 공공미술 영역에서 거리낌없이 펼쳐내는 급진적인 스타일은 받아들여지기 쉽지 않은 것이었습니다. 클림트가 그린 빈 대학교의 천장화로 빈의 미술계가 발칵 뒤집힌 것도 애당초 예견되었던 일이 아니었을까요.

때는 빈 분리파가 창설되기 약 3년 전, 1894년이었습니다. 새로운 예술을 추구하는 예술가들의 움직임은 꿈틀대기 시작했으나 아직 그 형태가 명료하게 드러나지는 않았을 즈음이었죠. 오스트리아 교육부에서 클림트에게 한 작품을 부탁합니다. 앞서 소개한 부르크 극장이 새로이 자리를 잡은 거리, 링슈트라세에 같은 해인 1894년에 빈 대학교가 들어섰는데 그곳 대강당에 걸 천장화를 그려달라는 의뢰였습니다. 철학, 법학, 의학, 신학을 상징하는 그림과 중앙에 걸 그림까지, 의뢰작은 총 다섯 점이었습니다. 학교가 제시한 콘셉트는 어둠을 몰아내는 빛, 즉 인간의 이성이 얼마나 위대하며 그것이 사회에는 얼마나 바람직한 영향력을 미쳤는지 하는 것이었습니다. 클림트는 그중 철학, 법학, 의학을 맡고 프란츠 마치는 신학과 중앙에 걸 그림을 맡습니다. '어둠'이나 '이성'과 같은 주제는 분리파를 창설하고 클림트가 지향하던 바, 비물질적인 것을 그려내는 상징주의와 일맥상통한다는 점에서 얼핏 시기적절한 주제처럼 보이지만, 진부하기 짝이 없는 주제이기도 합니다. 배움의 전당을 장식할 그림을 의뢰하던 클라이언트들의 머릿속에는 오로지 한스 마카르트부터 초기 클림트 작품에 이르기까지, 웅장함을 덧씌운 아카데미즘에 대한 찬사와 더불어 배워서 계몽하라는 오래된 사고방식으로 가득했던 것입니다.

그러나 클림트는 더 이상 부르크 극장의 천장화나 〈옛 부르크 극장의 관객석〉을 그리던 클림트가 아니었죠. 우리는 사람은 절대 안 바뀐다는 말을 쉽게 하는데요. 어쩌면 사람이 쉽게 변하지 않는 게 아니라 사람이 변하는 걸 주변에서 받아들이는 데 시간이 필요한 걸까요. 1900년, 클림트가 세 작품 중 가장 먼저 완성한 〈철학Philosophie〉에 벽화를 의뢰한 교육부며 빈 대학 당국, 언론 등등 빈에서 목소리깨나 낸다는 사람들은 하나같이 아연실색합니다. 그들이 머릿속에 정해놓은 답처럼 그럴듯하고 뻔한 그림이 아니었기 때문입니다. 그림 속에는 언뜻 부연 여백처럼 보이는 오른쪽 공간에서 알 수 없는 존재가 우리를 내려다보고 있고요. 왼쪽에는 사람처럼 보이는 존재들이 소용돌이치듯 뒤엉켜 어딘가로 빨려 들어가는 듯해 보입니다. 머리를 두 손으로 부여잡고 있는 뼈가 앙상

Philosophie 철학, 클림트, 1899~1907

Jurisprudenz 법학, 클림트, 1903~1907

Medizin 의학, 클림트, 1900~1907

한 노인부터 서로를 부둥켜안은 젊은 연인, 눈도 채 뜨지 못한 어린아이까지 한데 뒤섞인 모습이죠. 이 그림이 어떻게 철학을 뜻하며, 그림 자체가 너무나 에로틱한 데다, 애매모호하기가 이를 데 없다는 혹평이 교육계와 미술계, 언론계 할 것 없이 빈 사회의 지식인 사이에서 쏟아졌습니다. 어떤 평론가는 클림트의 학력이 짧다는 이유를 들먹이며 그가 철학, 법학, 의학 같은 심오한 주제를 이해할 수 없을 거라고 비난했습니다. 지금까지도 정확한 해석을 내놓는 전문가가 없다는 점도, 빈에서 외면당한 〈철학〉이 같은 해에 열린 파리 만국박람회에서 그랑프리의 영예를 안았다는 점도 흥미로운 사실입니다.

나머지 두 그림은 어떻게 되었을까요. 이어서 선보인 〈법학Juris-prudenz〉과 〈의학Medizin〉에서도 클림트는 한번 고수한 자신의 예술관을 굽힐 생각이 없음을 분명하게 드러냅니다. 그림을 보는 사람들의 시선도 변하지 않기는 매한가지였죠. 〈법학〉에서는 그림 한가운데 문어 형상의 괴물이 한 남자를 에워싸고 벌을 주고 있고 다른 세 사람이 그 주변을 둘러싸고 있는데요. 세 여자는 각각 진리, 정의, 법을 상징합니다. 문어는 서양 문화권에서 오래도록 복수의 화신으로 여겨진 존재였습니다. 우리가 잘 아는 디즈니 애니메이션 〈인어공주〉에서 등장하는 마녀도 문어였죠. 〈법학〉에서는 그들이 보기에 기괴했던 그림도 그림이지만 여성을 이토록 중요한 존재로 그렸다는 데서 불편함을 여과 없이 드러냈습니다.

당시는, 지구 위의 여느 국가와 마찬가지로, 오스트리아에서도 투표권조차 행사하지 못하고 마음대로 교육의 기회도 갖기 어려웠던 여성들이 이제 막 여권을 주장하며 응당 가져야 마땅했던 권리를 그제야 조금씩 찾아가던 시기였는데요. 여자가 어디서 붓을 드냐고 했던 사람들 눈에 곱게 보일 리 없는 그림이었겠죠. 그 후로도 클림트는 아랑곳하지 않고 꾸준히 여성을 그렸습니다. 우리가 떠올리는 클림트의 수많은 그림과 같이 말이죠.

그러나 이 두 가지 작품에 대한 반응과는 비교할 수 없는 비난이 마지막 작품인 〈의학〉에 쏟아집니다. 그림 한가운데에 서서 근엄한 표정으로 우리를 당당하게 내려다보는 이는 건강의 신 히기에이아Hygeia인데요. 언제나 그렇듯이 몸에 뱀을 감고 있습니다. 우리에게 뱀은 썩 달갑지 않은 생물이지만 유럽에서는 치료나 재생을 상징하는 동물이라고 하죠. 독일이나 체코 같은 유럽의 몇몇 나라에서는 약국을 상징하는 심볼에 뱀을 그려 넣은 것을 볼 수 있습니다. 문제는 히기에이아 뒤로 구름처럼 빽빽하게 엉겨 부유하는 온갖 질병이며 해골 등 죽음을 상징하는 요소들이었습니다. 바라보는 것만으로 고통스러운 자세와 표정, 분위기에 사람들은 난색을 표합니다. 게다가 그림 상단 오른쪽 귀퉁이에 구겨지듯 그려 넣은 임산부는 고개를 한껏 숙인 채로 만삭에 가까운 배에 두 손을 얹고 있고, 히기에이아의 머리 바로 위에 보이는 잔뜩 웅크린 조그만 몸집의 아기는 생사를 구분하기도 어려워보일 지경인데요. 생명은 똑같이 고귀하지만 그중에서도 죽음과 가장 거리가 멀어야 할 듯한 탄생의 순간에 닿아 있는 대상에 죽음의 분위기가 가득한 모습, 그리고 사람의 생명과 질병을 굽어살펴야 할 건강의 신이 이 모든 것을 뒤에 두고 무관심해 보이기까지 한 그림은 쉽게 받아들여지지 않습니다. 사람들은 입을 모아 비난을 퍼부었죠.

〈의학〉에서 보여주듯 클림트가 생명, 탄생을 바라보는 시선은 얼마간 이해하기 어려운 면이 없지 않은 것이 사실입니다. 만삭에 가까운 임산부의 나체를 그린 이 그림도 마찬가지입니다. 새 생명의 탄생을 앞둔 설렘이나 기대와는 거리가 먼, 오히려 죽음에 가까워 보이는 기괴한 해골들이 임산부 주변을 둘러싸고 있습니다. 작품명이 〈희망Die Hoffnung I (1903)〉이라는 점은 어쩐지 더욱 고개를 갸우뚱하게 만듭니다. 클림트 자신조차 그림을 사는 사람에게 이 그림은 꺼내지 말고 문을 달아서 평소에는 닫아놓고 보고 싶을 때만 문을 열어서 보라고 당부했다고 하죠.

선뜻 이해하기 어려운 클림트의 몇몇 작품의 배경에는 사실 또하나의 비극적인 사연이 숨어 있습니다. 클림트와 함께 가장 많이 거론되는 두 명의 여인, 아델레 블로흐바우어Adele Bloch-Bauer와 에밀리 플뢰게Emilie Flöge 사이의 드라마 같은 사연들에 가려 널리 알려지진 않았지만 미치 치머만Mizzi Zimmermann도 클림트의 인생에서도, 작품 세계의 변

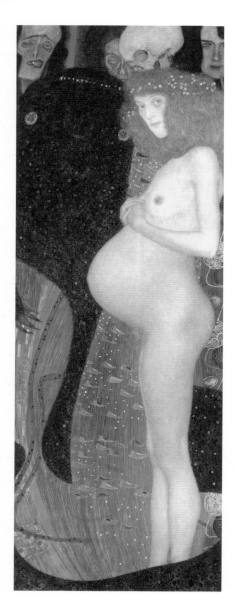

Die Hoffnung I 희망, 클림트, 1903

클림트의 연인이었던 미치 치머만을 모델로 그린 그림
입니다. 이때 그녀는 클림트의 아이를 가지고 있었죠.
하지만 출산한 지 1년도 되지 않아 아이가 병으로 숨을
거뒀고 클림트는 배경을 모두 지우고 죽음의 존재로 그
림을 채워 넣었습니다.

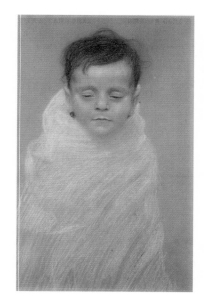

Otto Zimmermann
오토 치머만 스케치, 클림트, 1903

클림트는 오토가 죽자 아들의 모습을 스케치로 그려두었습니다

화를 거론할 때도 빼놓을 수 없는 아주 중요한 인물인데요. 클림트의 아이를 둘이나 낳았던 사람이기도 합니다. 마치 치머만이 낳은 둘째 아들 오토를 클림트가 그토록 각별하게 아꼈다고 합니다. 치머만이 임신했을 때도 지극정성으로 돌보고 오토가 태어났을 때도 기쁨을 감추지 못했다고 하죠. 치머만이 임신을 했을 때 그리기 시작한 그림이 〈희망〉이었는데 사랑스러운 둘째 아들 오토가 태어난 지 1년도 되지 않아 병으로 숨을 거두고 말았습니다. 〈희망〉이 1년여 만에 절망으로 바뀌고 만 것이죠. 클림트는 그렸던 배경을 모두 지우고 그 자리를 죽음의 분위기를 짙게 드리우는 존재들로 메웁니다. 깊었던 사랑만큼 고통도 날카로웠을 테니 삶을 대하는 태도에도 큰 변화가 찾아오죠. 이때부터 클림트는 삶과 죽음을 함께 보게 되고 〈의학〉이나 〈희망〉에서 그런 생각이 여지 없이 드러납니다.

거센 비난을 받았던 클림트는 보수적인 사람들에게 그림으로 메시지를 보냅니다. 바로 〈금붕어Goldfische(1901~1902)〉입니다. 이 작품은 클림트의 의도를 그대로 담은 그림으로, 알 수 없는 우주 같은 공간에 여성들이 부유하고 있고 왼쪽에는 금붕어가 큰 눈을 멀뚱히 뜨고 지나가고 있습니다. 마치 우매한 대중을 표현하는 듯하죠. 그리고 시선을 사로잡는 빨간 머리카락의 여성이 등장합니다. 엉덩이를 내밀며 관람자를 바라보는데요, 표정을 보세요. 마치 관람자를 비웃는 것 같지 않나요? 자신

Goldfische 금붕어, 클림트, 1901~1902

자신의 그림을 비난한 보수적인 빈의 평론
가에게 보내는 클림트의 시선입니다. 예술
에 대한 클림트만의 자존심이 그대로 표현
돼 있죠.

의 그림을 포르노로만 평가하는 그들에게 마치 비웃음을 던지는 것 같습니다. 클림트가 원래 이 작품의 제목을 〈내 평론가들에게〉라고 지었다는 설을 들으면 작품의 의도가 확실히 전해집니다.

　　그나저나 클림트는 왜 갑자기 흑백의 그림을 그렸을까요. 화려한 금빛의 클림트를 굳이 떠올리지 않더라도 부옇고 선명하지 않은 흑백톤의 그림이 어색하게 느껴지는데요. 사실 그림 원본은 모노톤이 아닙니다. 마지막으로 세 작품을 촬영한 것은 컬러사진이 보편화되기 전 일이고 이 세 작품은 1945년에 모두 불에 타버려 지금은 존재하지 않기 때문에 현재의 우리는 흑백사진 속에 남은 그림으로 보고 있는 것이죠. 1945년이라는 숫자에서 연상되는 굵직한 사건이 있죠. 제2차 세계대전이 종전을 맞이한 그해에 그림이 불길 속에 사라지게 된 사연은 이렇습니다.

　　〈의학〉까지 마침내 세 작품을 모두 받아 든 빈 대학교에서는 크게 놀랍지도 않은 반응을 보입니다. 단칼에 반품 요청 의사를 밝히죠. 발주처인 오스트리아 교육부는 아무도 반기지 않는 그림을 걸어둘 곳을 찾아 발을 동동거렸고요. 자신의 작품이 애물단지 취급을 받는 데 화가 난 클림트는 교육부에서 받은 선급금을 돌려주고 그림을 되찾아 옵니다. 다행히 클림트의 후원자가 세 작품을 샀지만, 이 시리즈의 안타까운 운명은 여기서 끝나지 않습니다. 클림트가 세상을 떠난 지 20년 만에 제2차 세계대전이 발발하고 나치가 클림트, 에곤 실레, 오스카 코코슈카 등 당시 오스트리아에서 이름을 날리던 화가들의 그림을 갈취할 때 세 작품도 그들의 손에 들려 빈 외곽에 있는 임멘도르프 성Schloss Immendorf에 봉인됩니다. 역사를 돌이켜 보면 혼란의 시대에 안타깝게 절멸을 맞이한 아까운 보물들이 많죠. 이렇게 사진으로 남아 원본을 가늠해 볼 여지가 있는 것들도 있고, 기록으로만 남아 모두의 상상 속에 저마다 다른 모습으로 존재하는 것들도 있습니다. 이곳에 있던 작품들도 비슷한 운명에 처하고 맙니다. 패배하여 퇴각하던 나치의 군대가 성에 불을 질렀고 당대를 주름잡던 화가들의 숱한 작품은 재가 되어버린 것입니다. 혹자는 이 작품이 화염에 휩싸여 잿더미가 되지 않았다면 클림트의 대표작이 되었으리라고 아쉬움을 토로하기도 합니다. 타버리고 없는 그림을 우리가 계속해서 이야기하고 있는 이유도 그 때문이겠죠.

이탈리아의
눈부신 햇살 아래
피어난
경이로운 모자이크

오스트리아 교육부에 선급금을 돌려주고 〈철학〉〈법학〉〈의학〉
시리즈를 찾아오며 클림트는 다짐합니다. 두 번 다시 국가에서 의뢰하는
일에는 손도 대지 않겠다고 말이죠. 클림트에게 찾아온 낙담의 시간이
었습니다. 소신 있게 펼쳐낸 새로운 작품 스타일은 사회에서 쉽게 받아
들여지지 않았고, 빈 분리파 내에서 순수예술을 추구하는 이들과 갈등이
빚어졌습니다. 순수예술을 추구하는 이들은 공공 분야에서 의뢰를 받아
천장화로 이름을 알리고, 실내장식이나 건축, 포스터 등 분야를 가리지
않고 예술의 영향력을 행사하는 종합예술을 상업적이라고 보았던 겁니
다. 클림트는 결국 1897년에 빈 분리파를 결성하고 채 10년이 되지 않
은 1904년에 빈 분리파에서 탈퇴합니다. 하지만 하나의 문이 닫히면 또
다른 문이 열린다고 했던가요. 우리가 흔히 '황금시대'라고 부르는 클림
트 작품의 전환점이 이때 물꼬를 틉니다. 이럴 때 떠나는 여행은 생각을
환기하고 시야를 한층 더 넓어지게 하죠. 클림트에게는 엄청난 기폭제가
되었던 라벤나 산비탈레성당Basilica di San Vitale의 모자이크화를 만나게
된 것도 이때 떠난 이탈리아 여행에서였습니다.

클림트가 큰 인상을 받았던 라벤나 산비탈레성당의 모자이크화입니다. 다채로운 색감과 화려한 모자이크가 그의 그림에 큰 영향을 미쳤죠.

이탈리아 북동부 해안 도시 라벤나는 교역의 중심지로 번성했던 비잔틴제국 시절의 영예가 아직도 곳곳에 남아 있는 오래된 도시입니다. 5세기 무렵부터 바쁘게 들어선 여러 종교 건축물 가운데 가장 중요한 곳이 산비탈레성당이었고요. 그만큼 내부를 채운 색색의 화려한 모자이크화가 한층 더 돋보이는 건축물인데요. 이탈리아에서 흔히 볼 수 있는 벽돌조의 산비탈레성당에 들어선 클림트는 실내를 장식한 모자이크화에 그만 넋을 잃어버리고 맙니다. 그중에서도 한쪽 벽을 장식한 테오도라 황후와 신하들의 그림을 보고 엄청난 충격에 휩싸이게 되죠. 무려 그로부터 약 1500년 전에 만들어진 작품이라고는 믿기 어려울 만큼 다채롭게 다가오는 작품이 너무나도 인상적이었던 겁니다.

오래된 성당에서 볼 수 있는 모자이크화는 주로 색색의 작은 돌과 색유리로 만들어져 투박한 듯하면서도 빛의 변화에 따라 그 모습이 수천 수만 가지로 변하는데요. 투시도법이나 원근법이 채 발달하지 않았던 중세 시대에, 그것도 섬세하게 조절하기에는 한계가 있는 재료로 빚은 작품에서 클림트는 전에 느껴보지 못한 종류의 감동을 받습니다. 클림트가 이탈리아에서 에밀리 플뢰게에게 보낸 편지에는 그가 그때 느낀 감동이 생생하게 담겨 있습니다.

"비가 내린 다음 날 아침, 해가 밝게 뜨고 도시의 더러움은 씻겨 갔소. 그리고 그 햇살 아래에 놀라울 정도로 경이로운 모자이크들을 볼 수 있었소."

그리고 앞으로 그릴 그림에 영감을 얻습니다. 이제부터 우리가 아는 클림트의 전성기 시절 그림이 차례차례 등장하기 시작합니다.

여행을 떠나기 전에 다짐한 대로 공공미술에서 손을 뗀 클림트는 본격적으로 상류층 부인들의 초상화와 풍경화를 그리는 데 몰두하는데요. 유대인 사업가의 부인 아델레 블로흐바우어를 그린 〈아델레 블로흐바우어의 초상Adele Bloch-Bauer I(1907)〉이 그중 하나입니다. 얼굴과 드러난 상체, 손을 제외하고는 넓디넓은 화폭에 공간감을 표현하는 요소 하나 없이 평면적으로만 구성했습니다. 그럼에도 불구하고 조금도 단조롭지 않은 것이 산비탈레성당의 모자이크화에서 영감을 얻었다는 것을 뚜렷이 알 수 있습니다. 가지런히 모으고 있는 두 손에서 이상한 점이라고

Adele Bloch-Bauer I 아델레 블로흐바우어의 초상, 클림트, 1907

영화 〈우먼 인 골드〉의 소재가 되었던 화려하고도 인상적인 그림입니다. 클림트의 그림 중 가장 많은 양의 금을 사용했어요.

Judith I 유디트, 클림트, 1901

팜파탈로 표현된 유디트의 모습이 무척 독특합니다. 유디트를 그린 다른 화가
의 그림과 비교해 보면 클림트만의 강렬한 힘이 담겨 있죠.

는 눈에 띄지 않는데요. 아델레 블로흐바우어는 교통사고로 오른손 가운 뎃손가락에 장애가 있었다고 합니다. 클림트는 부인의 약점을 자연스레 가려준 거죠. 부족할 것 없는 삶을 살아온 아델레지만 손가락에 장애를 얻은 후 상처받으며 살아왔을 그 손을 화가가 가려주었을 때, 그녀가 느꼈을 감격을 떠올려 보세요. 〈아델레 블로흐바우어의 초상〉 역시 제2차 세계대전 당시 나치에게 빼앗깁니다. 전쟁이 끝나고 오스트리아 정부가 몰수한 그림을 아델레 부인의 조카가 다시 되찾기까지의 기나긴 여정은 〈우먼 인 골드Woman in Gold(2015)〉라는 영화로도 자세히 소개된 바 있죠. 그림을 강탈했던 나치가 붙인 이름 '우먼 인 골드'가 무색하지 않게 클림트의 작품 중에 실제 금을 가장 많이 사용한 작품입니다. 2006년 크리스티 경매에서 1억 3500만 달러에 낙찰되며 최고가 그림이라는 기록을 갈아치우기도 했습니다.

그녀를 모델로 그린 또 하나의 대표작을 소개하겠습니다. 바로 〈유디트Judith I(1901)〉입니다. 그림 속 유디트가 차고 있는 목걸이가 아델레의 것이라 그녀가 모델임을 추정할 수 있었죠. 구약시대, 이스라엘이 아시리아에 대항할 때 아시리아 군대는 이스라엘의 한 도시를 포위합니다. 간신히 버티던 이스라엘 사람들은 항복 직전에 이르죠. 이때 유디트가 나타납니다. 그녀는 매혹적으로 치장하고 하녀와 함께 적진에 위장 투항합니다. 이스라엘인을 굴복시킬 방법을 알려준다며 접근한 유디트에게 아시리아의 장군 홀로페르네스는 푹 빠져들고 여흥을 즐기다 취해

Der Kuss(Liebespaar) 키스, 클림트, 1908

클림트의 대표작이라 할 수 있는 작품입니다. 두 연인의 간절한 표정과 아름다운 배경을 통해 넘치는 사랑의 기쁨을 보는 이에게 전달하는 듯합니다.

버립니다. 유디트를 품고자 호위를 물리친 틈을 타 유디트는 홀로페르네스의 목을 베어버립니다. 그리고 목을 들고 도망치죠. 다음 날 장군이 죽은 것을 안 아시리아 군대는 퇴각합니다. 이 전설 속 유디트를 클림트는 조금 독특하게 표현하는데요. 가슴을 드러낸 옷과 풀린 눈, 몽롱한 표정은 우리가 알고 있는 유디트의 모습과는 차이가 있습니다. 클림트는 유디트를 '팜파탈Femme Fatale'로 그린 것이죠. 팜파탈은 19세기 말, 문학과 미술에 걸쳐 큰 인기를 누린 키워드입니다. 당시 여성의 지위가 상승하던 상황과도 관련이 있는데요. 그전에는 성녀, 구해야 하는 대상으로 표현되었던 여성을 이제는 남성을 압도하는 매력과 치명적인 힘을 가진 대상으로 표현했습니다. 이렇듯 남들이 그리기 꺼려하는 주제를 노골적으로 표현한 클림트의 작품이 빈의 신사들을 불편하게 만들었죠.

다시 돌아와서, 〈아델레 블로흐바우어의 초상〉 이후 곧이어 완성하는 작품이 클림트와 함께 가장 자주 거론되는 걸작 〈키스Der Kuss(Liebespaar)(1908)〉입니다. 빈 공항에 가면 "구스타프 클림트의 〈키스〉를 보지 않았다면 빈을 떠나지 마라"라고 커다랗게 써놓은 걸 볼 수 있는데요. 이 정도면 빈을 대표하는 화가를 넘어 빈을 대표하는 그림이라고 해야 할까요. 〈키스〉에서도 화려한 금빛의 장식을 다채롭게 배치한 모습을 엿볼 수 있습니다. 이 역시 〈아델레 블로흐바우어의 초상〉과 마찬가지로 라벤나 산비탈레성당의 모자이크화를 현대식으로 재해석한 것입니다.

이 그림에서는 유난히 네모와 동그라미의 대비가 눈에 띕니다. 선명하게 각진 무채색 네모는 남자의 몸을 가득 채우고 황금빛에 색을 더한 동그라미 장식은 여자의 몸을 장식합니다. 〈키스〉뿐 아니라 대부분의 그림에서 클림트는 사각형으로 남성성을, 원으로 여성성을 상징하기를 즐겼습니다. 그리고 마치 후광처럼 두 연인을 감싸고 있는 황금빛 광채는 남성의 성기를 표현하는데요. 두 사람이 조금의 빈틈도 없이 완전히 하나가 되는 상태를 클림트는 이렇게 표현했습니다.

조금 의외인 점은 우리가 생각하는 로맨틱하고 찬란한 감정이 〈키스〉가 말하는 전부는 아니라는 사실입니다. 두 사람이 서로에게 다가가는 아름다운 키스의 순간, 이 눈부신 찰나에 그들이 무릎을 꿇고 서 있는 땅에는 생김새도 빛깔도 서로 다른 꽃들이 빼곡하게 흐드러져 그 향기가 그림을 넘어 전해질 정도로 화사합니다. 하지만 잘 보면 땅은 온전한 형태로 그들을 지지하지 않습니다. 꽃이 가득한 들판의 한쪽 끝에는 깎아지른 절벽이 버티고 있고 여인의 두 발은 그 낭떠러지 끝에 아슬아슬하게 걸쳐 있죠. 황홀하고 눈부신 사랑이지만 평온하고 안락한 상태는 아님을 짐작하게 하는 지점인데요. 어쩐지 그러고 다시 보면 여인은 짐작하기 어려운 표정에 어딘가 무관심해 보이는 듯하기도 하고, 여인의 얼굴을 두 손으로 감싼 남자에게서는 간절함 같은 것이 느껴지는 것만 같습니다. 놀랍게도 그림 속 남자는 클림트 본인이라고 합니다. 가장 아끼는 사람과 다투고 사이가 안 좋아졌을 때 그이에게 주려고 그린 그림이 이 〈키스〉라는 말이 있죠. 그렇다면 이 그림 속에 등장하는, 클림트가 붓으로 마음을 고백한 여인은 누구일까요? 클림트 일생의 여인, 영원의 뮤즈, 에밀리 플뢰게라는 설이 유력합니다.

눈을 감는 순간까지
의지했던
인생의 뮤즈,
에밀리 플뢰게

클림트는 평생 결혼하지 않았습니다. 하지만 숱한 여성들과 염문을 뿌리고 다녔죠. 당시 예술가들 대부분이 비슷한 생활을 했다고도 하지만, 클림트 사후에 친자 확인 소송이 무려 열네 차례나 있었다고 하니 개중에서도 여성 편력이 예사롭지 않았습니다. 클림트 인생에 등장한 수많은 여성들 중에 클림트가 스물아홉일 때 만나 거의 평생에 걸쳐 가장 내밀한 진심을 나눈 단 한 사람이 있는데, 에밀리 플뢰게입니다. 놀랍게도 클림트와 에밀리 플뢰게는 단 한 번도 육체적인 관계를 맺지 않았다고 해요. 더군다나 에밀리 플뢰게는 클림트가 사망한 후에도 다른 남자와는 사랑을 나누지 않았다고 하죠.

거의 30년 동안 이어진 둘의 기나긴 인연을 되짚어가다 보면 둘은 더없이 애틋한 연인 사이처럼 보이기도 하고, 사랑이라는 단어로는 표현하기에 부족함이 느껴질 만큼 정신적인 교류가 남달랐던 관계였음을 짐작게 하기도 합니다. 56세의 나이, 뇌출혈로 쓰러지던 순간에 죽음이 코앞에 다가왔음을 직감한 클림트가 외친 한마디도 "에밀리를 불러줘"였습니다. 클림트 사후 열네 건의 친자 확인 소송을 처리하고 친자

Porträt Emilie Flöge 에밀리 플뢰게의 초상, 클림트, 1891

클림트는 에밀리 플뢰게의 초상을 네 작품 남겼는데 그중 첫 번째로 완성한 작품입니다.

로 밝혀진 이들에게 공평하게 재산을 분배한 사람도, 클림트가 남긴 모든 자취를 단정하고 말끔하게 정리한 사람도 에밀리였습니다. 정리가 어찌나 철저했는지 클림트와 주고받은 편지 가운데 민감할 수 있는 내용을 담은 편지 상당수를 태워버렸다는 점은 조금 안타까운 사실입니다. 안 그래도 자신의 이야기를 하지 않았던 클림트의 생각을 가늠할 만한 중요한 단서가 둘만의 기억 속으로 사라졌으니 말입니다.

에밀리 플뢰게는 빈에서 이름깨나 날렸던 유명한 패션 디자이너였습니다. 큰 규모의 숍을 운영했는데 당시 상류층 사이에서 에밀리 플뢰게의 옷을 입는 게 유행일 정도였습니다. 클림트는 평소에도 에밀리 플뢰게가 만든 옷만 입었다고 합니다. 중세는 물론 근대까지도 당시 여성들의 복식이라 하면 코르셋을 잔뜩 조인 드레스가 떠오르는데, 에밀리 플뢰게의 옷은 우리가 생각하는 과거 여성들의 옷과는 거리가 한참 멀었습니다. 에밀리는 여성들의 권리를 찾기 위해 목소리를 높이던 당시 사회에 발맞춰 오랫동안 사회가 규정해 온 여성스러움에 대한 관념을 깨뜨리는, 당시로는 몹시 과감한 시도를 하는 디자인을 자주 선보입니다. 관습을 따르기보다는 새로운 의견을 제안하는, 의존적이기보다는 주체적인 에밀리의 성격은 클림트와의 관계에서도 마찬가지였습니다.

두 사람은 사돈 사이로 처음 만났습니다. 클림트의 동생인 에른스트와 에밀리의 언니가 결혼을 하던 1891년이었죠. 사실 클림트는 에밀리를 처음 만났을 때 연정을 품을 정도는 아니었습니다. 결혼식을 올린 지 채 1년도 안 되어 에른스트가 뇌출혈로 사망하고, 클림트가 조카딸인 헬레네의 후견인이 되면서 두 사람은 부쩍 가까워집니다. 두 사람의 남다른 관계를 단적으로 보여주는 것이 평생에 걸쳐 주고받은 편지와 엽서인데요. 클림트가 에밀리 플뢰게에게 보낸 편지 중 지금까지 발견된 것만 무려 400통에 이른다고 하죠. 하루에 8통을 보낸 날도 있다고 하니 그들은 서로에게 얼마나 많은 글과 마음을 전했던 걸까요. 그림으로 자신의 생각을 표현하기에는 주저함이 없었던 클림트는 한편 글쓰기는 끔찍이도 싫어했는데요, 지독한 악필로도 유명했습니다. 한 사람에게 보낸 수백 통의 편지가 그에게는 얼마나 특별한 것이었는지 다시금 감탄하게 되죠. 수많은 편지 가운데 아주 유명한 것이 하나 있습니다. 제가 개인적으로도 몹시 좋아하는 편지인데요. 점점이 새겨 넣은 하트로 꽃을 그린 편지입니다. 그림 아래에 쓴 문구는 또 얼마나 낭만적인데요. "꽃이 없어서 꽃을 그려드립니다." 클림트는 누가 봐도 인정할 만큼 그렇게 잘생긴 인물은 아니지만 이토록 치명적인 매력이 있었답니다.

황금빛의 그림만큼 사람들에게 흔히 알려지지 않은 클림트의 다른 작품 가운데 풍경화도 있어요. 놀랍게도 클림트가 남긴 그림 가운데 1/4가량을 차지할 정도로 적지 않은 비중입니다. 클림트가 그린 풍경화는 뚜렷한 특징이 있습니다. 대체로 비율이 가로세로 1:1, 정사각형이라는 점입니다. 미술에서 가로세로 비율이 같은 건 절대성을 상징합니다.

비슷한 시기에 파리를 중심으로 온 유럽에 영향을 미친 근대 예술운동의 하나인 인상주의가 매순간 변하는 빛의 인상을 포착하여 그것을 표현하는 데 집중했다면 클림트는 절대적으로 변하지 않는 자연을 화폭에 남기고자 했습니다. 또한 머릿속에 퍼뜩 떠오르는 인상파 화가들, 모네, 르누아르, 반 고흐, 마네 등이 그린 풍경화가 저 멀리 지평선이나 수평선까지 펼쳐지는 장면이나 드넓은 하늘을 표현한 바와 달리, 클림트는 근접 촬영한 사진처럼 고개를 내밀고 자연의 일부를 가까이서 들여다본 듯한 구도의 풍경화를 자주 담아냈습니다. 실제로도 무대 위에서 펼쳐지는 오페라나 연극을 자세히 보기 위해 객석에 앉은 사람들이 사용하는 오페라글래스로 자연 풍경을 더 가까이 들여다보면서 그리기도 했다고 합니다. 클림트는 광활하고 탁 트인 풍경화보다 답답할 만큼 밭게 들여다본 풍경화가 오히려 캔버스라는 물리적인 제약을 벗어나 끝없이 반복되고 영원히 이어지는 자연의 무한한 연속성을 표현한다고 믿었던 겁니다.

　　클림트가 그린 〈아터 호수Attersee(1900)〉 또한 하늘은 초점이 맞지 않는 듯 부옇게 흩어지고, 금세 손끝을 담가보고 싶어지는 호수 표면은 가까이 찰랑거립니다. 새하얀 태양빛이 닿아 더없이 청량하게 반짝이는 수면이 끝없이 너울댈 것만 같아 보이죠. 클림트는 에밀리 플뢰게와 함께 눈부신 여름날, 배를 타고 아터 호수 위를 부유하는 시간을 특히 좋아했습니다. 호수에서 그림을 그리는 화가, 하면 어쩐지 호숫가 적당한 곳에 자리를 잡고 연필이나 붓을 들고 고뇌에 빠진 모습이 떠오를 것

Attersee 아터 호수, 클림트, 1900

만 같은데요. 풍경을 가까이 들여다보기를 좋아했던 클림트는 대부분 배를 타고 물을 떠다니며, 배 위에서 유유자적하며 그림을 그렸습니다. 클림트는 풍경화를 그릴 때만큼은 평소처럼 밑그림을 그리거나 예비 스케치를 하는 데 전력을 다하지 않고, 곧장 붓을 들어 새하얀 캔버스에 거침없이 그림을 그려나갔습니다. 에밀리 플뢰게와 함께하는 아터 호수에서의 멋진 어느 날을 만끽하며, 자연의 경이로움을 들여다보며 그리는 그림. 이 시간 만큼은 클림트에게 작업이나 일이 아니라, 그 자체로 분명 위로였던 거죠.

왜인지 클림트의 풍경화에는 그 자리에 함께했던 이든 다른 그 누구든, 사람이 등장하지 않습니다. 〈아터 호수의 캄머성Schloss Unterach am Attersee(1908~1909)〉이나 〈사과나무Apfelbaum I(1912)〉처럼 클림트가 그린 모든 풍경화에는 인물이 등장하지 않습니다. 한층 더 고요하고 잠잠하고 평온해 보이는 이유죠. 클림트는 아침 6시면 아터 호수와 근처 숲속을 산책했습니다. 건강관리 목적에서였죠. 가까운 사람들이 운명을 달리할 때마다 크게 방황했던 클림트는 아버지를 떠나보내고 나서 60세까지는 살고 싶다는 말을 버릇처럼 내뱉습니다. 아버지가 돌아가신 나이였던 56세가 가까워오자 부쩍 삶에 대한 집념을 보이며 주변 사람들에게 아버지보다 더 오래 살고 싶다고 이야기하죠. 매일 새벽 6시마다 일어나 산책을 하면서 건강관리에도 애썼지만 결국 간절히 바라던 소원을

Apfelbaum I 사과나무, 클림트, 1912

Schloss Unterach am Attersee 아터 호수의 캄머성, 클림트, 1908~1909

이루지 못하고 그만 클림트는 뇌출혈로 쓰러졌습니다. 그리고 병상에 몸 져누워 있다가 당시에 유럽에서 수많은 사람들의 목숨을 앗아간 스페인 독감에 걸려 세상을 떠납니다. 아버지가 세상을 등진 56세와 정확히 같은 나이에, 운명의 장난처럼 말입니다.

클림트는 생의 마지막 순간에 다다랐음을 직감하자 에밀리를 찾았고, 평생 가장 의지했던 이에게 자신의 삶의 마무리를 부탁하고 눈을 감았습니다. 클림트의 부고를 듣고 한달음에 달려온 이 가운데는 마흔다섯에 처음 만나 십 년 남짓한 시간 동안 함께 치열하게 예술을 고민했던 에곤 실레도 있었습니다. 에곤 실레는 처음에는 클림트의 화풍을 따라하기도 했고, 나중에는 메마르고 헐벗은 인물들이 주로 등장하는 자신만의 스타일을 확실히 찾았지만 클림트를 존경하는 마음만큼은 처음이나 나중이나 변치 않았습니다. 〈은둔자들 Die Eremiten(1912)〉 같은 그림에서는 반항에 찬 눈빛의 자신을 그 뒤에서 안아주는 클림트를 그리기도 했는데요. 둘의 인연이 시작된 순간부터 마지막까지 클림트는 에곤 실레의 능력을 믿어 의심치 않았고 자신을 이을 빈의 미술가는 에곤 실레라고 확신에 차 말하고 다니기도 했지만, 안타깝게도 그의 기대는 오래가지 못합니다. 싸늘하게 식은 클림트의 마지막 모습을 제 손으로 그리면서 그 모습을 성스럽다고까지 표현하며 찬사를 보냈던 에곤 실레마저 그로부터 3개월 만에 스페인 독감에 걸려 사망하고 만 것입니다. 같은 해에 빈은 세기의 걸출한 두 예술가를 동시에 그렇게 잃었습니다. 빈의 예

Die Eremiten 은둔자들, 에곤 실레, 1912
에곤 실레와 클림트의 모습을 그린 그림입니다. 앞에 있는 사람이 에곤 실레 본인이고 뒤에서 안
고 있는 사람이 클림트입니다. 두 사람의 친밀한 우정이 느껴지시나요?

술이 죽었다는 말까지 떠돌았으니 두 사람이 빈 미술계에 미친 영향력이

어느 정도였는지 짐작할 만하죠.

　　소중한 사람들의 죽음을 거듭 맞닥뜨리며 젊어서부터 삶과 죽음

에 대해 고뇌하고 그것을 그림 속에 담아냈던 클림트, 그 고민은 자신이

죽음을 맞이하는 순간까지도 계속 이어져 세상을 등지기 3년 전에 완성한 〈삶과 죽음Tod und Leben(1915)〉에도 짙게 드러납니다. 어머니가 돌아가시고 나서 5년에 걸쳐 그린, 클림트 본인이 꼽은 자신의 대표작이 이 그림인데요. 화려하고 아름다운 색채 속에 갇혀 꿈을 꾸듯 삶에 푹 빠져 있는 인간 군상을 십자가와 해골 등 죽음을 상징하는 요소들로 휘감은 존재가 바라보고 있죠. 삶과 죽음은 이토록 항상 공존한다는 점을 화가 클림트는 한순간도 잊지 않은 것입니다.

클림트는 말년에 꿈을 꾸는 듯한 몽환적인 표정의 여성들을 자주 그립니다. 미처 완성되지 못한 채로 남은 그의 유작 〈신부Die Braut(1918)〉에 등장하는 인물들도 비슷하죠. 클림트 후기 그림들에서는 이처럼 황금빛은 사라지고 화려한 색채가 두드러지는데요. 1909년에 파리를 방문할 당시에 접한 일본 우키요에에서 영향을 받은 것입니다. 당시 일본에서 수입되던 공예품 등에 그려진, 평면성을 강조한 목판화 우키요에의 화려하고도 이국적인 색채는 유럽의 화가들을 매료시켰습니다. 반 고흐, 마네, 툴루즈로트레크, 모네 등등 1900년 전후 수많은 화가들이 그 영향을 받아 독특한 색감의 그림들이며 아예 일본 전통 의상이나 전통 공예품을 그린 그림을 선보이곤 했죠. 클림트 또한 낯선 동양의 색채에서 영감을 받아 자기만의 스타일이 또렷한 그림에 황금빛을 걷어내고 화려한 색채를 덧입힌 겁니다. 마침내 이것이 그의 작품 여정의 종착점이 되었고요.

클림트를 단지 황금빛의 화가로만 보기에는 이토록 다양한 이야기가 있습니다. 처음 보는 그림, 뜻을 모를 그림 뒤에 숨은 사연, 세상과 맞섰던 한 예술가의 고군분투까지 말입니다. 그럼에도 클림트라는 화가가 여전히 신비로운 이유는 자서전이나 그림 설명 등 클림트 스스로가 화가로서 남긴 글이 없기 때문입니다. 지금 우리가 알고 있는 것은 모두가 주변 사람들의 증언이나 에밀리 플뢰게와 주고받은 편지 등으로 파악한 것들입니다. 그러니 클림트라는 화가를 더 깊이 알게 되었다는 생각이 드는 지금이 클림트의 그림을 다시 들여다봐야 할 때가 아닐까요. 누구나의 눈에 보이던 그를 둘러싼 상황이 아니라 누구도 볼 수 없었던 화가의 내면을 들여다보기 위해서 말입니다. 생전에 그림을 그린 이가 바란대로 말이죠.

Tod und Leben 삶과 죽음, 클림트, 1915

Die Braut 신부(미완성), 클림트, 1918

클림트의 후기작은 황금빛 화가라 불린 그림들과는 다른 분위기입니다. 낯선 동양의 색채에서 영감을 받아 화려한 색채와 어두운 색채를 조화롭게 배치했죠. 삶과 죽음이 한 폭의 그림 안에서 펼쳐지는 듯합니다.

클림트와 베토벤

빈 분리파는 다양한 장르의 예술이 모여 하나의 작품을 만드는 '종합예술'을 추구했습니다. 그런 빈 분리파의 정신이 정점을 찍은 전시는 1902년에 열린 제14회 전시일 듯합니다.

빈 분리파의 제14회 전시는 천재 음악가 베토벤에게 헌정하는 전시였습니다. 베토벤은 1770년 독일에서 태어났고 22세부터 인생을 마치기 전까지 오스트리아에서 활동했습니다. 클림트보다 한 세기도 전에 활동했던 베토벤, 왜 베토벤을 위한 전시를 만들었을까요?

당시 빈 예술가 사이에서 베토벤에 대한 찬양은 그야말로 열광적이었습니다. 그의 위대한 음악은 물론이고 예술 그 자체를 목적으로 한 최초의 예술가로 그를 찬양했죠. 클림트 또한 마찬가지였습니다.

베토벤을 묘사한 조각상을 세우고 전시 오프닝에서는 베토벤의 〈합창〉이 연주되었습니다. 음악과 조각, 그리고 회화가 어우러진 전시였죠. 클림트는 베토벤의 〈제9교향곡〉을 회화로 재현합니다. 조각상이 전시되어 있는 벽면에 그려진 〈베토벤프리즈 Beethovenfries(1901)〉였죠. 원래는 조각상을 돋보이게 하려는 것이었는데 아이러니하게도 전시 내내 주목받은 것은 〈베토벤프리즈〉였습니다. 이 작품은 총 세 개의 테마로 구성되어 있습니다.

첫 번째 테마는 '행복을 향한 동경'입니다.

작품은 음악의 뮤즈들이 시선을 이끌어가며 시작하는데요. 황금 갑옷을 두르고 장
검을 짚은 기사가 등장하죠. 무력한 인류를 대신해 악의 세력과 맞서 싸울 기사입니
다. 기사의 자세와 표정에서 인류 구원의 여정을 시작하려는 의지가 느껴지죠. 왼쪽
에 무릎을 꿇고 두 손을 모으고 있는 헐벗은 인물들은 구세주를 통한 행복을 갈망하
는 인류를 묘사한 것입니다. 반면 기사 뒤편의 여인들은 불안과 연민의 모습으로 기
사 곁에 서 있습니다. 황금 기사가 마주하는 것은 무엇일까요. 두 번째 테마 '적대적
세력'입니다.

어둡고 사악한 이미지들로 가득 차 있는데요, 가운데 커다란 괴물이 위협적으로 서 있습니다. 뱀의 꼬리, 그리고 날개를 가진 커다란 원숭이의 모습을 한 거인 티포에 우스Typhoeus입니다. 왼쪽에는 티포에우스의 세 딸이자 질병, 광기, 죽음을 나타내는 세 명의 고르곤Gorgonen이 있습니다. 오른쪽에는 음란, 욕망, 무절제를 상징하는 나체 의 여인들이 등장하죠. 황금 기사가 맞서야 할 어둠의 세력들입니다.

이 두 번째 패널 때문에 〈베토벤프리즈〉는 논란에 휩싸입니다. 여인들의 묘사가 지 나치게 노골적이고 혐오감을 준다는 이유였죠.

사악한 악의 세력을 지나면 '환희의 송가'가 등장합니다. 황금 리라로 아름다운 음악을 연주하는 여신의 모습이 등장하는데요, 바로 베토벤의 음악을 상징합니다. 특이하게도 황금 기사와 적대 세력 사이의 결투를 구체적으로 묘사하지 않고 여백으로 남겨 놓았습니다. 여백을 지나면 뮤즈들이 황금빛에 휩싸여 춤추고 천사들은 손을 높이 들어 합창합니다. 그리고 한 남녀가 뜨거운 포옹을 하고 있죠. 이 마지막 벽화는 절정인 동시에 클림트가 표현하고자 했던 모든 예술의 궁극적인 완성이었습니다. 이를 통해 그림과 음악은 마침내 하나가 됩니다.

예술이 주목해야 할 대상은 무엇일까요.

화려하고 눈부신 어느 특별한 순간?
인간이라면 누구나 겪지만 형언하기 어려운 감정의 소용돌이?
여기 평생 남들이 보지 않는 시선으로, 소외당한 사람들의 일상을 그린 화가가 있습니다.
캔버스 위에 옮겨놓은 일상들은 대체로 볼품없거나, 너저분하거나, 지친 기운으로 가득하고 예쁘고 그럴듯하게 꾸민 모습은 찾아보기 어렵죠.
삶이라는 것이 녹록지 않아서 힘들고 지치는 날이 더 많습니다.
나를 돌보기가 어려운 날도 있고, 다른 사람에게 인색하게 되는 순간들도 찾아옵니다.
하지만 편견 없이 모든 이들의 삶 깊숙이 들어가 화가는 그들의 일상을 바로 곁에서 보며 특별할 것 없는 사람들의 눈에 띄지 않는 일상을 그렸습니다. 그리고 우리는 그림 속에서 주인공의 삶을, 나의 삶을, 알 수 없는 또 다른 누군가의 삶을 봅니다.
마음은 대단한 것으로 말미암아 움직이는 것이 아니라, 그저 모두가 다 자기 앞에 놓인 삶을 애써서 살아내고 있음을 다시금 깨닫고 공감할 때 움직이는 게 아닐까요.
로트레크의 이 말처럼요.

"인간은 추하지만, 인생은 아름답다."

Toulouse-Lautrec

1864-1901

가문의
모든 저주를 안고
태어난 아이

앙리 마리 레몽 드 툴루즈-로트레크-몽파Henri Marie Raymond de Toulouse-Lautrec-Monfa, 우리가 툴루즈로트레크라고 알고 있는 화가의 진짜 이름입니다. 툴루즈를 이름으로, 로트레크를 성으로 알았던 분들이 많을 텐데요, 툴루즈-로트레크-몽파까지 모두 성이었습니다. 할아버지도 툴루즈-로트레크-몽파, 아버지도 툴루즈-로트레크-몽파였죠. 이름이 이토록 길었던 이유는 그가 태어난 집이 남프랑스에서 명성이 자자할 만큼 잘나가던 귀족 집안이었기 때문입니다. 어쩐지 집안 환경이 우리에게 익숙한 화가들과는 사뭇 다른 느낌이죠. 화가가 된 부잣집 도련님이라, 사는 내내 가난에 허덕인 다른 많은 화가들과는 시작부터 남다릅니다.

1864년 11월, 비바람이 이상하리만큼 거셌던 어느 날 남프랑스 미디피레네주의 수도 알비Albi라는 도시에서 로트레크가 태어납니다. 하필이면 기다리던 첫아이가 태어나는 날에 날씨는 왜 이리도 스산한 건지, 그 자리에 있던 사람들은 불길한 징조로 여기며 초조해졌습니다. 하지만 태어난 아이를 보자마자 모두의 마음 속에 깃들었던 염려가 눈 녹듯 사라졌죠. 아이가 까무러치게 귀엽고 예뻤거든요. 로트레크는 아기 때 별명인 프티 비주Petit Bijou, 작은 보석이 그렇게 어울릴 수가 없었습니다.

행복에 겨운 날은 오래가지 않았습니다. 휘몰아쳤던 비바람이 정말 상서롭지 못한 징후였을까요. 똘망똘망한 눈에 천사 같은 미소를 띠던 작은 보석 같은 아이에게는 치명적인 병이 있었습니다. 농축이골증이라는 선천성 골계통질환을 갖고 태어난 겁니다. 누가 툭 하고 건드리기만 해도, 발을 헛디뎌 가볍게 넘어지기만 해도 뼈가 부러지는 이 병은 놀랍게도 근친혼에서 비롯한 유전병이었는데요. 로트레크의 집안은 아주 오래 전부터, 무려 12세기부터 로트레크가 태어날 때까지 근친혼으로 이어온 집안이었던 것입니다. 사돈 지간인 로트레크의 외할머니와 친할머니는 사돈 이전에 친자매였으며, 그 말인즉슨 로트레크의 어머니와 아버지는 이종사촌이었다는 이야기가 되죠. 재산을 지키겠다는 일념 하나로 가문이 선택한 방식은 후손들에게서 유전병이라는 형태로 드러납니다. 숱한 이들이 장애를 갖고 태어났지만 근친혼은 계속되었고, 로트레크도 이 불우한 운명을 피하지 못했어요. 평생을 안고 살아가야만 하는, 치료할 수 없는 병을 가지고 태어난 거죠. 건강한 부모님 세대를 건너뛰어 가문의 모든 저주를 안고 태어난 이가 바로 로트레크였습니다.

권위주의로 똘똘 뭉친 냉정하고 매몰찬 아버지는 건강하지 못한 아들에 대한 불만을 노골적으로 표현했습니다. 아들이 자라면 함께 말을 타고 사냥을 할 생각에 행복해했던 아버지였는데요. 약한 몸을 이끌고 로트레크가 아버지를 따라 말도 타고 사냥에도 나가던 날들은 오래가지 못했습니다. 로트레크는 열네 살 때 아무도 없는 집에서 의자에서 일어나다가 발을 헛디디는 바람에 그 자리에 주저앉으면서 그대로 왼쪽 다리가 부러졌고, 이때 다친 다리가 다 나을 때쯤인 1년 뒤에는 어머니와 손을 잡고 산책을 하다가 오른발이 도랑에 빠져 오른쪽 다리마저 부러집니다. 1년 사이에 양쪽 뼈가 다 골절된 것입니다. 반항기로 똘똘 뭉쳐 있기로는 십 대 청소년만 한 존재가 없을 텐데 로트레크는 이런 비극을 연달아 겪고도 어머니께 놀라지 마시라며, 자기 잘못이라 말하는 아이였죠.

연달아 두 번 부상을 당하면서 병이 급속도로 악화하여 성장이 아예 멈춰버리고 맙니다. 기구하게도 다리 쪽 성장만 멈추는 바람에 신체 비율은 비정상적으로 바뀌고, 키는 150㎝ 언저리에서 멈춰 더 이상 자라지 않았죠. 성인이 된 로트레크의 사진을 보면 얼굴이 조금 부자연스러운 느낌이 드는데요. 하체의 성장은 멈춘 반면 상체 성장은 진행되어 비대한 코와 유달리 두터운 입술 등 어린 시절의 아름다운 얼굴을 찾아보기 어렵습니다. 자식의 아픔을 누구보다 안타까워하고 사랑으로 보듬어야 할 아버지는 그때부터 자신의 기대에 미치지 못한 아들을 철저하게 외면하기 시작했습니다. 남들과 다른 외모와 허약한 몸 때문에 귀족사회에서도 따돌림을 당했으며 당연히 친구 하나 사귀지 못했습니다. 로트레크가 일찌감치 귀족사회에 환멸을 느낀 것도 당연한 결과가 아니었을까요.

그림으로 만난
새로운 세상

로트레크의 병을 안타까워하고, 애처롭게 돌본 이는 어머니가 유일했습니다. 따뜻한 성품의 어머니는 로트레크가 남들에게서 받지 못하는 사랑까지 듬뿍 주는 사람이었죠. 한편으로는 아들이 병약하게 태어난 것이 자신의 탓인 양 죄책감을 가지고 있었다고도 하는데요. 친구도 없이 홀로 외로이 지내는 아들에게 미술 선생님을 소개한 사람도 어머니였습니다. 다리를 다친 이후로 집에서 혼자 있는 시간 내내 눈에 보이는 것들을 종이에 즐겨 그리는 아들을 보면서 로트레크의 어머니는 아들에게 그림을 배울 수 있게 해주면 좋겠다고 생각했죠. 어린 시절 로트레크에게 취미로 배워보라며 붙여줬던 미술 선생님이 떠올랐습니다. 잘나가던 화가 르네 프랭스토René Princeteau였죠. 프랭스토는 로트레크 아버지의 친구이기도 했지만 로트레크에게 장애가 심해지고 관심이 필요할 때 아버지는 정작 조금도 관심이 없었습니다. 프랭스토를 다시 모셔온 것도 당연히 어머니였고요.

　　다리가 부러진 이후에 로트레크는 사람들에게 마음의 문을 굳게 닫았습니다. 동정을 받거나 차별받거나 무시당하는 것 정도가 로트레크

Princeteau dans Son Studio 스튜디오에서 프랭스토, 툴루즈로트레크, 1881

로트레크가 그린 화가 프랭스토입니다. 프랭스토는 로트레크 아버지의 친구이자 로트레크의 스승이었어요. 단순한 스승과 제자 사이를 넘어 그림을 매개로 서로 공감하고 교감했어요.

가 인간관계에서 겪은 경험의 전부였기 때문입니다. 프랭스토와의 관계
는 달랐습니다. 프랭스토 또한 소리가 들리지 않는 청각장애인이었기 때
문이었을까요. 청각장애를 가지고 있던 서른일곱 살의 화가 그리고 몸이
불편한 열여섯 살의 로트레크, 두 사람의 관계는 단순히 스승과 제자라
고 정의하기 부족했습니다. 그들은 서로에 대한 편견이나 동정 같은 불
필요한 감정 없이, 그림이라는 매체로 다른 어떤 이들보다 서로 깊이 교
감하고 공감했습니다.

　　저는 로트레크의 어머니가 아들의 미술 선생님을 찾을 때 프랭
스토에게 장애가 있다는 점을 처음부터 염두에 둔 것이 아닐까 생각합니
다. 로트레크가 다른 건강한 사람에게는 쉽게 마음을 열지 못했지만 자
신처럼 소외당한 경험이 있는 프랭스토에게라면 동질감을 느끼리라 어
머니는 생각했을 거예요. 실제로 성인이 되어 사회에 나가서도 로트레크
는 그늘 속에 웅크린 채 살아가는 아웃사이더에게 적극적으로 다가가는
모습을 보이는데요. 자기 배로 낳고 평생을 가장 가까이에서 로트레크를
지켜본 어머니는 아들의 성향을 진작에 파악하고 있었던 거죠. 자신처럼
아픔을 겪은 사람에게라면 더 수월하게 마음을 열 거라고, 프랭스토 또
한 로트레크를 동정의 시선이 아니라 공감의 시선으로 바라보리라 생각
하지 않았을까요.

　　프랭스토는 동물 전문 화가였습니다. 동물마다의 특성을 살려 생
동감 있게 표현하는 데 특히 뛰어났죠. 그는 자신만의 기법이나 노하우

를 로트레크에게 아낌없이 알려주었어요. 로트레크를 서커스나 극장에 데리고 가 새로운 세상을 보여주고, 진귀한 묘기에 같이 열광하며 즐거운 시간을 함께했죠. 로트레크는 특히 말이 부리는 묘기를 좋아했습니다. 사람들 만나기를 즐기지 않았던 로트레크는 원래도 동물을 자주 그렸어요. 프랭스토를 만나 그림이 한결 깊이를 더해갔습니다. 로트레크가 본인 입으로 이야기했듯 강아지가 유일한 친구였고, 그만큼 그림에도 자주 등장합니다. 그의 그림에 등장하는 단골 동물이 하나 더 있는데 바로 말이었습니다. 누군가는 힘차게 달리는 말의 모습에 달리고 싶지만 달리지 못하는 로트레크의 욕망이 투영된 것이라고 보기도 하고요. 누군가는 아버지에게 인정받고 칭찬받고 싶은 마음이 아버지가 좋아하는 동물로 드러난 것이라 보기도 하는데요. 아버지와 함께 사냥을 나갈 수도, 같이 말을 탈 수도 없었던 로트레크는 창문 너머로 아버지가 말을 타는 모습을 지켜보면서 그 장면을 그렸습니다. 아버지가 돌아오시기를 기다렸다가 그림을 보여드려야지, 하며 들뜬 마음으로요. 하지만 돌아오는 것은 사내아이가 그림 따위 그려서 무엇 하느냐는 무뚝뚝한 핀잔과 싸늘한 시선이었죠. 말을 타는 아버지를 그린 그림에서는 사랑이 뚝뚝 묻어나는데, 정작 그림 속 주인공은 그린 사람의 사랑을 느끼지 못했다니 가슴 아픈 이야기죠. 자리에 가만히 앉아 있는 게 세상에서 제일 어려운, 에너지가 넘치다 못해 주체를 할 수 없는 십 대 남자아이로서도 뛰거나 운동을 하지 못하는 게 여간 좀이 쑤시는 일이 아니었을 텐데요. 힘차게 달리는

De Jockey 기수, 툴루즈로트레크, 1899

로트레크는 평생 말을 즐겨 그렸습니다. 생동감 넘치고 활력 있는 말을 그리며 자신의 욕망을 그림에 투영한 것이 아닐까요?

말 그림을 그리며 답답한 마음을 해소한 겁니다. 잘 그린 말 그림을 보면서 괜히 뭉클해지는 사연입니다.

가르쳐보니 로트레크는 재능이 상당한 아이였습니다. 지방 도시에서 배우는 그림에는 한계가 있었고, 로트레크를 큰물로 보내 더욱 전문적인 미술 교육을 받게 해야 할 때라고 판단했죠. 프랭스토가 추천한 곳은 파리에 있는 레옹 보나Léon Bonnat의 화실이었습니다. 레옹 보나는 당시 상류층 전문 초상화가로 유명세를 떨치던 인물이었어요. 그의 화실은 인물을 사실적으로 그리면서도 아름답게 이상화하는 그림, 붓 터치가 보이지 않을 정도로 매끄럽게 마무리한 그림처럼 프랑스 회화의 순수한 전통을 강조하는 보수적인 수업을 하는 곳이었습니다. 로트레크는 처음으로 정식 아틀리에서 전문적인 교육을 받으며 그림 그리는 기술을 익혔죠.

그다음으로 들어간 화실은 자신의 마지막 스승이 된, 당시 프랑스에서 이름을 날리던 유명한 화가 페르낭 코르몽Fernand Cormon의 화실이었습니다. 그림 그리는 사람들이라면 모르는 사람이 없는 화실이었어요. 로트레크는 프랭스토에게는 동물을 그리는 법을 마스터하고, 코르몽 화실에서는 사람의 신체를 그리는 법을 충분히 익혀 화가로서의 발판을 다졌죠. 코르몽 화실을 찍은 사진 속 왼쪽 아래에 익숙한 모자를 쓴 채로 등을 보이고 앉은 사람이 바로 로트레크고요. 로트레크와 마주 보고

Jeune Fille Romaine à la Fontaine
분수 앞의 로마 소녀, 레옹 보나, 1875

로트레크는 레옹 보나의 화실에서 프랑스 회화의 순수한 전통을 배웠습니다. 그가 처음으로 전문적으로 그림을 배운 곳이죠.

Portrait de Carrier-Belleuse
캐리어벨루즈의 초상, 페르낭 코르몽, 1877

페르낭 코르몽은 당대 유명 화가였습니다. 그의 화실에서 로트레크는 반 고흐를 만났죠. 둘은 평생의 단짝이됩니다.

페르낭 코르몽의 화실. 등을 보이고 앉은 사람이 로트레크이고, 로트레크와
마주 본 채 커다란 팔레트를 든 사람이 빈센트 반 고흐입니다.

Portrait de Vincent van Gogh
빈센트 반 고흐의 초상, 툴루즈로트레크, 1887

로트레크가 그린 반 고흐의 초상입니다. 고흐의 독특한 그림체가 로트레크
의 그림에 스며 있다는 사실이 무척 흥미롭습니다.

앉은, 왼손에 커다란 팔레트를 쥐고 있는 사람은 우리가 아주 잘 아는 화가, 바로 빈센트 반 고흐Vincent van Gogh입니다. 화실에 새로 들어온 고흐는 나이도 많고 조금 험상한 인상인 데다가 말을 잘 하지 않아서 다른 학생들은 그를 슬금슬금 피하는데요. 그때 유일하게 고흐에게 다가가 말을 건 사람이 로트레크였고, 코르몽 화실에서 처음 만난 둘은 평생의 단짝이 됩니다. 고흐의 곁에 내려앉은 외로움을 곁도는 데 익숙했던 로트레크만이 알아보기라도 한 듯 말이죠.

두 사람이 이 시기에 그린 그림을 보면 흥미로운 점이 있습니다. 고흐만의 독특한 그림체가 로트레크의 그림에도 스며 있다는 사실입니다. 고흐가 로트레크에게 그림을 가르쳐줬고 그것이 로트레크의 그림에도 드러난 것입니다. 누가 그린 그림인지 말을 하지 않으면 고흐의 그림 같다고 생각할 법도 하죠. 로트레크는 자신에게 그림을 가르쳐준 고흐에게 어떻게 사례를 했을까요. 그림에 해답이 있습니다. 바로 그림 속 고흐 앞에 놓인 술잔, 그 술값을 로트레크가 전담한 겁니다. 돈이라면 부족하지 않은 귀족 자제는 술을 즐기는 가난한 예술가에게 술을 사줬고, 일찍이 자기만의 뚜렷한 색채를 찾은 한 화가는 주류에서 곁도는 화실 친구에게 그림을 가르쳐주고 또 친구가 되어주며 둘은 각자가 짊어진 삶의 무게를 견뎌내면서 또 서로에게 의지했습니다. 훗날 고흐가 예술가 공동체를 만들겠다고 계획할 당시 꿈을 실현할 장소를 고민할 때 아를을 추천한 이도 로트레크였죠. 아를에서 고흐는 고갱을 만나게 되었고요. 얄궂게도 두 사람은 죽음을 맞이한 나이도 서로 같았습니다. 1890년 7월, 고흐가 서른일곱의 나이로 세상을 떠나고 11년 뒤인 1901년에 로트레크도 서른일곱의 나이로 눈을 감은 거죠. 요절하여 자신의 작품이 살아 있을 때와는 극명하게 다른 대접을 받는다는 것도 두 사람 모두 알 수 없었고요.

　　로트레크는 코르몽 화실에서 약 5년간 그림을 그린 다음에 배울 것은 다 배웠다고 판단하고는 화실을 나옵니다. 여러 스승들에게서 그림을 배우며 그리고자 하는 바를 캔버스 위에 펼쳐내는 뛰어난 기술과 기법은 충분히 습득했지만 화가로서 그 스승들을 존경한 건 아니었습니다. 로트레크가 평생 존경한 화가는 따로 있었습니다. 하얀 발레복을 입고 춤을 추는 무용수의 그림, 〈무대 위의 무희Ballet(1876년경)〉로 우리에게 친숙한 화가 에드가 드가Edgar Degas가 로트레크가 존경하고 또 선망하던 화가였습니다. 로트레크는 사물이나 사람, 동물 등을 표현하는 기술이나 기법보다는 화가가 바라보는 대상과 그 대상을 표현하는 방식에 관심을 가졌습니다. 역사 속의 장엄한 한 장면, 위대한 신화의 서사, 인상주의 화가들이 즐겨 그리던 멋진 자연 풍경 같은 것들이 아닙니다. 보통은 그저 스쳐 지나가고 말 일상의 한 장면을 드가 자신만의 시선으로 포착해서 그려낸 그림에 로트레크는 깊이 빠져들었습니다. 피곤이 가득한 얼굴로 하품을 하는 얼굴을 포착한 〈다림질 하는 여인Repasseuse(1884~1886)〉이나 인간의 가장 내밀한 모습 가운데 한 장면을 보여주는 〈욕조Le

Ballet 무대 위의 무희, 에드가 드가, 1876년경

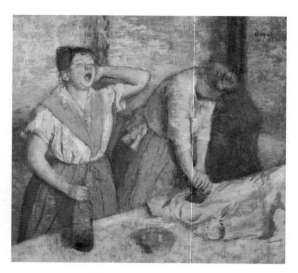

Repasseuse 다림질 하는 여인, 에드가 드가, 1884~1886

Tub(1886)〉는 대단한 것이나 위대한 순간만 그림의 소재가 되어야 한다
는 생각을 정면으로 반박할 만한 그림들이었던 겁니다. 예술가라면 다
른 모두가 바라보는 방향이나 장면 대신 자신만의 시선으로 남들이 찾아
내거나 보지 못한 순간을 찾아내고 그래서 사람들에게 보여줄 줄 알아야
한다는 가치관을 갖게 된 계기였죠. 이 즈음부터 로트레크는 새로운 시
선으로 사람들을 보기 시작합니다. 드가에게서 대상을 바라보는 법을 배
운 것이죠. 재미있는 건 드가는 로트레크를 끔찍이도 싫어했다는 점입니

Le Tub 욕조, 에드가 드가, 1886
로트레크는 드가의 그림에 큰 영향을 받았습니다. 장엄한 한 장면이 아닌 일상의 순간을 포착한
그림이 드가의 특징이었고 그 시선 또한 로트레크에게 큰 영향을 주었습니다. 로트레크는 한때
'작은 드가'라고 불리기도 했습니다.

다. 자신의 스타일을 너무 따라 그린다고요. 하지만 나중에 가서는 결국
로트레크를 인정했죠. 자신의 스타일을 그저 따라 하는 줄 알았더니 그
걸 완전히 흡수해서 로트레크 자신의 개성을 담아 그만의 스타일로 재탄
생시켜 마침내 로트레크만의 그림이 나왔거든요. 드가는 실제로 이렇게
말했답니다.

"로트레크는 내 옷을 가져가서 자기 몸에 맞게 재단해 버렸다."

저 먼 이국에서 건너온 그림도 로트레크에게 큰 영향력을 미쳤습니다. 당시 서양의 수많은 화가들에게 영향을 주었던 일본 목판화, 우키요에였죠. 문물의 교류가 흔치 않았던 19세기의 화가들에게 아시아의 지역색은 퍽 독특하게 다가왔을 텐데요. 로트레크는 우키요에를 수집하는 것을 취미로 삼고, 기모노 스타일의 옷을 입고 사진을 찍을 정도로 일본 문화에 특히 관심이 많았어요. 로트레크와 친하게 지내던 고흐도 우키요에 수집을 취미로 삼았죠. 요즘으로 따지면 코스프레라고 해야 할까요. 로트레크는 다른 모습으로 분장하는 것을 원래 즐기기도 했다고 합니다. 신체적 약점을 극복하기에 좋은 방법이기도 했고요. 어린 시절에 받은 상처가 트라우마가 되어 주눅들어 있거나, 어둡기만 한 어른이 되어도 이상할 것 하나 없겠지만, 성장한 로트레크는 오히려 장난을 치거나 농담을 즐기는 사람이었죠. "나는 술 먹고 넘어져도 상관없어. 어차피 땅바닥에 붙어 있으니까, 하하하" 같은 말이 그가 자주 하던 농담 중 하나였다고 하죠.

우키요에는 가까운 것과 먼 것을 구분하지 않고, 명암이 없어서 입체감도 없으며, 이러한 특징으로 말미암아 배경과 인물이 붙어 있는 듯한 평면적인 느낌이 강합니다. 로트레크는 특히 원근감이 없는 우키요에의 평면적 특성에 매료되었습니다. 우키요에가 그에게 얼마나 대단한 인상을 남겼는지는 로트레크가 그 후로 그린 그림에도 여실히 드러납니다. 포스터의 제목이기도 한 〈디방 자포네 Divan Japonais(1892~1894)〉는

1892년에 몽마르트르에 문을 연 카페 이름이었습니다. 화가들이 주로 활동하던 몽마르트르 지역에 1880년 무렵부터 술집 등이 무더기로 들어서는데요. 일본풍 카페 디방 자포네도 그중 하나였습니다. 프랑스어로 디방Divan은 '의자'라는 뜻이고 자포네Japonais는 '일본의'라는 뜻인데요. 카페 이름을 일본풍 의자라고 지을 만큼 당시 파리에서는 일본 문화가 대유행했어요. 로트레크가 그린 디방 자포네의 포스터에서도 그가 일본 문화에 얼마나 많은 영향을 받았는지 드러나죠. 맨 앞에 있는 사람, 그 뒤에 있는 사람과 그다음에 있는 공간의 깊이가 느껴지지 않고 마치 종이 인형을 서로 붙여 놓은 듯 보이는 점이 우키요에의 특징과 동일한데요. 로트레크를 설명하는, 바로 로트레크만의 포스터가 포문을 여는 순간이었습니다. 로트레크는 이때를 시작으로 본격적으로 포스터에서 자신만의 색채를 드러내기 시작합니다. 스승에게 배우고, 화실에 들어가고, 화실 동기에게 배우고, 또 존경해 마지않는 다른 화가의 그림을 탐구하면서 성장한 긴긴 배움의 끝에 드디어 자신만의 색을 찾았음을 직감하죠.

우키요에가 파리의 화가들에게 널리 알려진 이면에는 한 편의 흥미로운 비하인드스토리가 있습니다. 1867년도의 파리 만국박람회를 앞두고 일본에서는 파리로 자국에서 제작한 도자기를 보냈는데요. 보내는 것마다 운반 도중에 선박 내에서 파손되어 온전하게 도착하는 것이 없어 고민이 컸다고 합니다. 그때 흔하디흔하고 값도 싼 우키요에 그림 종이를 완충재처럼 싸서 보내니 딱이었던 거죠. 그런데 지구 반대편에서 그림을 그리는 사람들은 도자기를 감싼 포장지에 그려진 독특한 그림에 시선을 빼앗겼고, 일본 문화에 대한 동경은 더 부풀어 19세기 후반에 화가들에게 막강한 영향력을 끼치게 되었다는 사연입니다.

Divan Japonais 디방 자포네, 툴루즈로트레크, 1892~1894

일본 우키요에의 영향을 받은 로트레크는 그 특징을 살려 그림을 그렸습니다. 원근감 없이 평면적인 특징을 드러내는 로트레크만의 포스터가 포문을 여는 순간이었어요.

물랭루주의
단골 화가와
무대를 빛낸
스타들

눈부신 햇살이 몽글몽글하게 일렁이고, 청춘의 푸르른 미소를 가
득 머금은 남녀가 서로에게 설레는 눈빛을 보내며 춤을 추거나, 술을 마
시거나, 대화를 나누는 어느 반짝이는 오후를 그린 〈물랭 드 라 갈레트의
무도회Bal du Moulin de la Galette(1876)〉는 인상주의를 대표하는 화가 오
귀스트 르누아르Auguste Renoir의 대표작이죠. 워낙 유명한 데다가 여기저
기서 많이 사용되어 그림에 깊은 관심이 없는 사람들에게도 아주 익숙한
그림입니다. 물랭 드 라 갈레트, 하면 커다란 풍차가 돌아가는 건물을 떠
올리기보다 르누아르의 이 그림을 떠올릴 만큼 말이죠. 물랭 드 라 갈레
트를 그린 사람은 르누아르 말고도 더 있는데요. 반 고흐, 피카소, 시냐
크, 위트릴로 등 이름만 들어도 알 만한 화가들만 해도 여럿입니다. 〈물
랭 드 라 갈레트Au Moulin de la Galette(1889)〉를 그린 로트레크도 그중 한
명입니다.
　　〈물랭 드 라 갈레트의 무도회〉와 〈물랭 드 라 갈레트〉 두 작품 모
두 당시 파리에서 가장 힙한 장소였던 물랭 드 라 갈레트에서 남녀가 한
데 모여 춤을 추고 서로에게 관심을 표현하고 교류하며 북적이는 모습을

그렸습니다. 어쩐지 두 작품은 아예 다른 장소에서 다른 장면을 보고 그린 듯 분위기가 딴판이죠. 르누아르가 햇살이 내리쬐는 야외 무대에서 분위기를 주도하는 듯한 사람들을 정면으로 마주 보고 그렸다면, 로트레크는 무리에 어울리지 못한 채 어둑한 실내 한쪽 구석에 앉아 흥에 겨워 춤을 추는 사람들을 멀리서 바라보는 소외된 이들의 뒷모습을 그렸으니까요. 구석에 물러나 앉은 그들보다 한 걸음 더 물러난 곳에서, 자라지 못한 다리를 감추기 위해 늘 그랬듯이 자리에 앉은 채로 말이죠. 앞에서 이야기한 대로 흔히 그림이 주목해 온 대상이 아닌, 지금까지 유심히 관찰한 바 없는 사람과 장소와 순간을 들여다보기 시작한 것이 이 그림에서도 드러납니다. 그림을 사선으로 크게 나누는 것 또한 우키요에에서 받은 영향이었어요.

실제로도 로트레크는 신체적 장애 때문에 사람들과 활발하게 어울리지 못했고, 건물에 들어서면 누구보다 서둘러 구석자리를 찾아가는 사람이기도 했죠. 작은 키와 다리 장애 말고도 튼튼하지 못한 피부 역시 그를 괴롭혔어요. 두피가 너무 약해 햇빛을 오래 받으면 안 되기에 늘 모자를 쓰고 다니기도 했습니다. 자연스레 햇살이 내리쬐는 야외보다는 어두운 실내를 그린 그림 속 시선은 아마도 로트레크에게는 매일의 시선이었을지도 모를 일입니다. 그림 아래쪽 가운데에 놓여 위태롭게 흔들리는 접시 더미는 불안한 로트레크의 마음을 반영한 것은 아니었을까요. 어린

Bal du Moulin de la Galette 물랭 드 라 갈레트의 무도회, 르누아르, 1876

Au Moulin de la Galette 물랭 드 라 갈레트, 툴루즈로트레크, 1889

같은 곳을 그렸지만 다른 시선이 느껴지시나요? 한데 모여 춤을 추고 북적이는 르누아르의 물랭 드 라 갈레트와 고독한 감정이 드러나는 로트레크의 물랭 드 라 갈레트는 같은 장소지만 완전히 다른 곳 같죠.

시절부터 자신을 부정했던 아버지는 어른이 되어서까지 로트레크의 가슴에 크나큰 상처를 남겼는데요. 아들이 상처를 받든 말든 아들의 마음보다 가문의 명예를 더 중요시했던 아버지는 어디 가서 로트레크 집안이라고 하지도 말라고 이야기했다죠. 로트레크가 한동안 자신의 이름인 로트레크Lautrec의 스펠링 순서를 바꿔 트레클로Treclau라는 이름을 썼던 이유였습니다. 아버지의 이해할 수 없는 행동들은 성인이 된 후로도 로트레크에게 씻을 수 없는 상처가 되었죠.

　　더 이상 학교를 다니거나 스승에게 의지할 필요가 없음을, 자신만의 스타일을 찾았음을 확신한 로트레크가 용기를 내어 화실을 그만두고, 귀족사회를 제 발로 걸어나가 처음 갔던 장소가 바로 이 물랭 드 라 갈레트였습니다. 물랭은 풍차라는 뜻으로, 거대한 풍차를 단 건물 옆에 작은 광장에서 사람들은 일요일마다 나와 무도회와 식사를 즐겼다고 합니다. 달콤한 디저트 갈레트가 명물이었다고 하죠. 로트레크, 하면 물랭루주가 떠오를지도 모르지만, 물랭루주는 물랭 드 라 갈레트 다음에 세워진 곳이었습니다. 둘 다 술을 마시고, 음악을 듣고, 춤을 추는 카바레라는 점은 같았죠. 몽마르트르의 하늘을 유유히 가르며 돌아가는 커다란 풍차가 있다는 점도 같았고요. 다른 점이 있다면 풍차의 진위(?) 여부인데요. 물랭 드 라 갈레트는 원래 제분 공장이었어요. 오래되어 철거 위기에 놓인 곳을 일종의 구몽마르트르보존협회 같은 모임에서 지켜내어 그후로 카페, 카바레, 식당 등 다양한 용도로 탈바꿈하죠. 커다란 풍차는 밀을 가루로 내는 데 필요한 동력을 추진하는 진짜 풍차였다는 뜻입니다.

하지만 뜨는 동네에서 신장개업한 물랭루주의 풍차는 장식용이었습니다. 둘 다 이름에 물랭moulin, 풍차가 들어갔지만 사람들은 둘을 그렇게 구분했습니다. 널리 알려진 대로 루주rouge는 '붉은'을 뜻하고요. 세월이 흘러 물랭 드 라 갈레트를 찾는 손님의 발걸음이 조금씩 뜸해지고, 인산인해를 이루던 카바레는 한결 한적해지면서 힙플레이스의 흔한 쇠락의 순서를 맞이하게 되었죠. 사람들은 다시 새로운 유흥을 찾아 떠났고요. 그곳이 바로 이름도 강렬한 빨간 풍차, 물랭루주였습니다. 새로이 떠오르는 이곳에는 돈과 권력이 물밀듯 쏟아져 들어왔습니다. 물랭루주는 빨간 풍차뿐 아니라 외부 무대에 놓인 압도적인 크기의 코끼리 장난감까지 엄청난 화제가 되었습니다. 파리 만국박람회에서 구입한 코끼리 인형을 로트레크도 그렇게 좋아했다고 합니다. 동물에게서 온기를 느꼈던 어린 시절이 떠올랐기 때문일까요.

로트레크는 물랭루주의 풍경을 그림으로 그리기 시작합니다. 그날그날 물랭루주에서 본 것을 일기를 쓰듯 드로잉하고, 때로는 작업실에 돌아와 그 드로잉을 바탕으로 작품을 완성했습니다. 캉캉을 추는 댄서, 노래하는 사람 등 여러 다양한 풍경을 자신만의 시선으로 화폭에 담아냅니다. 그림의 주인공 자리를 차지하는 일이 좀처럼 없었던 사람들에게 주목한 것입니다. 물랭루주는 파리의 유명한 관광지 가운데 하나인 몽마르트르에 자리하는데요. 예술의 거리나 화가들의 동네 같은 이미지는 오랜 세월을 거쳐 지금 우리에게 남은 것일 뿐, 그때의 몽마르트르는 그야 말로 무법천지였습니다. 1860년에야 파리에 편입된 몽마르트르는 당시만 해도 관리의 손길이 제대로 닿지 않은, 파리 북쪽 끄트머리의 어수선하고 어두운 동네였죠. 술과 도박, 매춘이 일상인 환락가는 날이 갈수록 활기를 띠었습니다. 땅값도 저렴했고, 탈세도 쉬웠으니 자고 일어나면 술집이 하나 느는 게 그때의 몽마르트르였습니다. 술 좋아하는 사람은 몽마르트르에 다 모이던 날들이었죠.

　　그런데 소외된 계층으로 구성된 이 동네 사람들 틈바구니에서 로트레크는 난생처음 낯선 경험을 합니다. 길을 걸어다녀도, 술집에 앉아 술을 마셔도 힐끔거리며 자신을 훔쳐보거나 피하는 사람이 없는 겁니다. 움츠리고 다니는 것이 일상이었던 로트레크는 꽤나 강렬한 충격을 받았죠. 차마 내일을 생각할 여력도 없는 사람들은 내 일만 해도 버거워 남의 일에는 관심도 없었거든요. 부랑자, 장애가 있는 사람, 깡패, 찢어지게 가난한 사람 들 속에서 로트레크의 장애는 딱히 두드러질 것도 없다는 듯 모두가 심드렁한 표정으로 본체만체 무관심하며 자기 일에 바쁠 뿐이었죠. 나고 자란 귀족사회에서 평생을 소외당하며 살았던 로트레크는 이곳 몽마르트르에서 큰 깨달음을 얻습니다. '내가 있어야 할 곳이 바로 여기였구나!' 그리고 물랭루주 사장에게 찾아가 한 가지 제안을 합니다. 나는 그림을 그리는 사람인데 지금부터 이 안에서 벌어지는 모든 일들을 다 그려줄 테니 당신은 내 부탁을 들어줬으면 한다고요. 로트레크의 청은

딱 두 가지였습니다. 무슨 일이 있어도 물랭루주 무대 맨 앞자리는 자신이 언제든지 앉을 수 있도록 비워둘 것 그리고 끊기지 않게 술을 계속 가져다줄 것. 돈은 조금도 필요하지 않다는 말도 덧붙입니다. 협상은 타결되었고 그때부터 로트레크의 물랭루주 붙박이 생활이 시작되었죠. 거의 눌러앉아 살다시피하며 그 안에서 일어나는 수많은 일을 그림으로 그리기 시작했어요.

〈카바레의 아리스티드 브뤼앙 Aristide Bruant dans Son Cabare(1893)〉 포스터에 등장하는 아리스티드 브뤼앙은 물랭루주의 유명 가수였습니다. 각진 얼굴과 진한 눈썹, 다부진 체격과 단호하게 다문 입술 그리고 카리스마 있는 표정까지, 요즘 말로 상남자 스타일이었던 브뤼앙은 언제나 챙이 넓은 검은 모자에 벨벳 소재의 검은색 옷, 붉은 스카프를 하고 장화를 신고 다녔다고 합니다. 그에게는 조금 독특한 면이 있었는데요. 포스터 속에 함께 그려진 지팡이가 그 단서입니다. 브뤼앙은 늘 이 지팡이를 들고 무대에 섰습니다. 프랑스의 샹송 가수이자, 작사가 겸 작곡가이기도 했던 브뤼앙은 하층계급 사람들과 어울리며 그 비참한 나날들을 노래로 지어 불렀습니다. 오늘날의 샹송의 기초를 만든 사람이라고 불리죠. 그는 무대 위에서 하층민의 애환을 짙게 담은 노래를 부르다가 누군가가 물랭루주의 문을 열고 들어오면 그쪽을 바라보고는 갑자기 부르던 노래를 멈추고 지팡이를 치켜든 채로 저기 웬 귀족놈이 왔다며 버럭 소리를 질렀습니다. 로트레크는 물랭루주의 무대에 오르는 여러 가수와 댄서 가

Aristide Bruant dans Son Cabaret
카바레의 아리스티드 브뤼앙, 툴루즈로트레크, 1893

Ambassadeurs Aristide Bruant
앙바사되르 아리스티드 브뤼앙, 툴루즈로트레크,
1892

물랭루주의 유명 가수 아리스티드 브뤼앙의 공연 포스터입니다. 그는 하층민의 애환을 담은 노래
를 부르던 가수로 로트레크가 특별히 좋아한 가수였죠.

운데서도 브뤼앙을 특히 좋아했다고 하죠. 그의 공연을 즐겨 보았고, 그
가 무대에서 노래를 부르다 말고 귀족에게 호통을 칠 때면 통쾌하다는
듯이 웃음을 멈추지 않았어요. 자신이 뿌리내린 곳에서 받았던 상처를
그제야 치유받는다고 느낀 건 아니었을까요. 이때쯤엔 아마도 그 잘난
귀족사회에서 몸뿐 아니라 마음도 완전히 떠났음이 느껴지죠.

　　로트레크가 브뤼앙의 공연을 좋아하고 즐긴 만큼 브뤼앙 또한 로
트레크의 포스터를 특별히 좋아했습니다. 로트레크의 포스터를 쓰지 않

으면 공연도 하지 않겠다고 했죠. 남들이 뭐라 하든 로트레크의 포스터를 인정했던 겁니다. 이때부터 포스터의 선구자라 불리는 로트레크의 기법이 하나씩 그 모습을 갖추어가기 시작했는데요. 포스터 가장 위쪽에 쓴 앙바사되르AMBASSADEURS라는 글자를 한번 볼까요. 브뤼앙이 눌러 쓴 모자의 넓은 챙이 글자 일부를 제대로 가리고 있죠. 마치 글자보다 인물이 앞에 있는 듯, 평면적인 포스터에 입체감을 준 건데요. 이런 기법을 처음 사용한 사람이 바로 로트레크였죠. 이런 디자인은 지금도 여전히 사용되고 있고요.

라 굴뤼는 물랭루주의 최고 스타, 캉캉의 대가였습니다. 라 굴뤼는 그녀의 별명이었는데요. 프랑스어로 먹보라는 뜻입니다. 어쩐지 댄서에게는 썩 어울리지 않는 별명인 듯한데요. 식탐이 너무 많아서 캉캉을 추다가 목이 마를 때마다 하도 손님들의 술을 빼앗아 먹는 바람에 손님들이 붙여준 별명이었습니다. 물랭루주를 뒤흔들었던 스타이자 실제로 캉캉의 몇 가지 동작을 만들기도 한 캉캉의 대가였는데, 안타깝게도 식탐을 줄이지 못하고 살이 너무 찌는 바람에 더 이상 춤을 추기가 어려워집니다. 은퇴를 피할 수 없었죠.
〈물랭루주의 라 굴뤼Moulin Rouge, La Goulue(1891)〉는 로트레크의 첫 포스터였습니다. 무대 한가운데에서 춤을 추고 있는 이가 라 굴뤼이고요. 포스터 앞쪽에 그림자로 보이는 남자는 '뼈 없는 발랑탱'이라는 별명으로 불린 발랑탱입니다. 춤을 너무 자유자재로 잘 춰서 보고 있으면 연체동물 같다고 하여 붙은 별명이었습니다. 이 포스터에 담긴 요소 하나하나가 당시 사람들에게는 신선한 충격이었습니다. 먼저 가운데에서 춤을 추는 라 굴뤼와 그 앞의 발랑탱에 이어 보는 사람의 시선을 사로잡는, 공중에 둥둥 떠 있는 듯 보이는 노란 동그라미는 무엇을 표현한 것일까요. 바로 가스등입니다. 우리나라 소설 가운데서도 대한제국 시대를 그린 것을 찾아보면 거리를 수놓은 가스등을 묘사한 구절이 심심찮게 등장하는데요. 어느 도시나 거리에 내린 어둠을 몰아내는 가스등 아래에서 사람들은 술에 취하고, 음악에 취하고, 서로에게 취해 밤이 깊어가는 것을 아랑곳하지 않고 순간을 즐겼나 봅니다. 획기적이게도 물랭루주는 거리를 밝히는 가스등을 실내에 설치하는 과감한 인테리어를 선보입니다. 마치 우리 물랭루주에서 밤이 깊어가는 것은 신경 쓰지 마시고 새벽까지 먹고, 마시고, 춤추고, 즐기시라고 말하듯이요. 사람들이 늦은 밤까지 구름 떼처럼 몰려들었습니다. 그야말로 대박이 났죠. 물랭루주가 알리고자 하는 바를 로트레크가 포스터로 더없이 완벽하게 표현한 결과였습니다. 사람들을 그림자로 표현한 것 또한 당시로서는 보기 어려웠던 표현 방식이었죠.

〈물랭루주의 라 굴뤼〉에도 로트레크가 창시한 포스터 디자인 기법이 들어 있습니다. 왼쪽 상단에 놓인 커다란 M자 디자인이죠. 잘 보면 물랭루주라는 글자를 내리 세 번 썼는데요. 같은 문구를 세 번 반복해

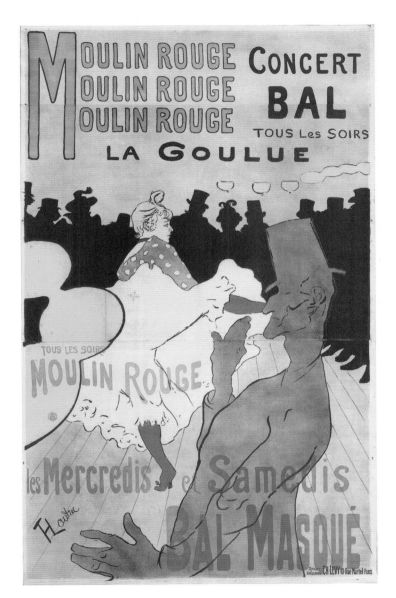

Moulin Rouge, La Goulue 물랭루주의 라 굴뤼, 툴루즈로트레크, 1891

로트레크의 첫 번째 포스터입니다. 이 과감한 포스터는 물랭루주의 특징을 한 장 안에 더없이 완벽하게 표현해, 그야말로 대박을 만들었어요.

Jane Avril 제인 아브릴, 톨루즈로트레크, 1893

제인 아브릴은 물랭루주에서 가장 유명한 댄서 중 한 명이었죠. 겹겹의 치마를 입고 빠르게 콩콩 뛰는 캉캉을 무척 잘 췄다고 해요. 제인 아브릴은 〈디방 자포네〉의 모델이기도 합니다.

서 쓰는 대신 머리글자인 M를 커다랗게 한 번만 써서 세 개의 문구를 아우르게 꾸몄습니다. 어디선가 본 듯한 이 디자인, 지금도 자주 쓰이는 방식이죠. 이 디자인의 선구자가 바로 로트레크였다는 사실은 널리 알려져 있지 않지만 말입니다.

　라 굴뤼와 쌍벽을 이룬 유명 댄서가 한 명 더 있었는데, 바로 제인 아브릴이었습니다. 〈제인 아브릴Jane Avril(1893)〉에서 캉캉을 추며 다리를 높게 뻗어 올린 이가 바로 그 주인공이죠. 제인 아브릴은 물랭루주뿐 아니라 파리의 여러 카바레에서 활동을 했습니다. 앞서 소개한 〈디방 자포네〉 포스터에서 검은 드레스를 입은 여인이 제인 아브릴입니다. 라 굴뤼가 새로운 동작을 개발하고 응용하는 데 두각을 나타냈다면, 제인 아브릴은 캉캉의 포인트인 누가누가 더 다리를 높이 멀리 뻗나 하는 대결에서 따라올 자가 없을 정도로 독보적인 높이를 자랑했습니다. 외모도 굉장히 아름다웠고 노래도 특출 나게 잘해서 인기가 몹시도 많았는데요. 자연스럽게 라 굴뤼와 제인 아브릴은 언제나 대결 구도를 이루게 되었죠. 겹겹의 치마를 입고, 빠르고도 가볍게 콩콩 뛰면서, 다리를 번쩍번쩍 들어 올리며 추었던 캉캉은 성적 어필을 포함한 춤이기도 했습니다. 〈제인 아브릴〉 포스터를 보면 아브릴의 치마 아래쪽으로 뚜렷하게 구분하기 어려운 악기의 일부가 지나치게 과장되어 그려져 있는데요. 남성의 성기를 상징한 것이었어요.

　로트레크가 그린 건 물랭루주의 스타들만이 아니었습니다.

L'Anglais au Moulin Rouge

물랭루주의 영국 신사, 툴루즈로트레크, 1892

여성에게 추파를 던지는 상류층 신사를 그린 작품으로 신사의 빨갛게 달아오른 귀가 무척 인상적이죠.

La Danse à Bougival

부지발에서의 춤, 르누아르, 1883

물랭루즈의 여인 수잔 발라동을 모델로 그린 그림입니다. 그녀는 수많은 화가의 뮤즈였고 로트레크 역시 예외는 아니었습니다.

〈물랭루주의 영국 신사L'Anglais au Moulin Rouge(1892)〉는 여성들에게 추파를 던지는 상류층 신사를 그린 작품인데요. 부유하고 능력 있는 남자를 유혹하고자 강렬한 눈빛을 보내는 여성들과 애써 체면을 차리는 듯해 보이는 신사가 얼굴이 닿을 듯 가까이 마주 보고 있는 모습이죠. 이 작품의 재치는 빨갛게 달아오른 신사의 왼쪽 귀에 있는데요. 신사는 태연한 척하지만 이미 흥분에 차 있죠. 흥미롭게도 이 작품은 실제 장면을 그린 것이 아니라 물랭루주를 배경으로 한 상상화였다고 합니다. 그림 속 영국 신사는, 로트레크 자신이 되고 싶었던 모습이었다고 하죠.

로트레크에게도 사랑이 찾아온 날들이 있었습니다. 쉽사리 마음을 열지 않는 로트레크에게 끊임없이 구애한 이는 19세기 미술사에서 빼놓을 수 없는 인물, 수잔 발라동Suzanne Valadon이었습니다. 어려운 환경에서 자라며 온갖 궂은 일을 하다가 그림 모델을 하면서 인생이 바뀐 인물로, 인상파의 대가라 불리는 화가들의 모델 일을 하며 숱한 염문을 뿌리고 다녔죠. 르누아르의 그림 〈부지발에서의 춤La Danse à Bougival(1883)〉에서 빨간 모자와 분홍 원피스 차림으로 춤을 추는 여인이 바로 수잔 발라동인데요. 나중에는 그녀도 그림을 그리며 화가의 길을 걸었습니다. 발라동이 낳은 사생아 모리스 위트릴로Maurice Utrillo도 유명한 화가가 되었고요.

Autoportrait

자화상, 수잔 발라동, 1898

로트레크의 연인이었던 수잔 발라
동은 화가이자 르누아르, 드가 등
파리를 빛낸 화가들의 뮤즈이기도
했죠.

발라동은 사람들이 손가락질하던 로트레크의 그림에 마음을
사로잡혔습니다. 그럴 듯하게 미화하고 이상화해 그리는 다른 화가들
과 달리 현실적이면서도 내면의 아픔을 표현하는 그림을 그리는 로트
레크에게 사랑을 느낀 거죠. 로트레크는 그녀를 모델로 〈세탁부La Blan-
chisseuse(1889)〉〈숙취Gueule de Bois(1888)〉 등의 그림을 그렸죠. 로트레크
도 발라동이 싫지만은 않았습니다. 발라동의 재능을 알아보고 그녀에게
그림을 가르쳐주기도 했습니다.

La Blanchisseuse

세탁부, 툴루즈로트레크, 1889

Gueule de Bois

숙취, 툴루즈로트레크, 1888

로트레크가 수잔 발라동을 모델로 그
린 그림. 둘은 사랑하는 사이였지만 결
국 상처만 남기고 헤어지고 맙니다. 그
사랑은 로트레크의 그림에 어떤 감정을
담게 했을까요?

툴루즈로트레크

하지만 봄날처럼 설레던 날들은 그리 길지 않았습니다. 결혼하길 원했던 수잔 발라동을 로트레크가 끝까지 밀어냈거든요. 사랑했지만 결혼은 할 수 없다고요. 장애가 있는 몸으로 가정을 꾸리는 데 자신이 없었을 거라고 추측하는 의견도 있어요. 아이를 낳고 아버지가 되는 것이 자기가 감당할 수 있는 일이 아니라고 생각했으리라 짐작하는 이도 있습니다. 여러분의 생각은 어떠신가요?

끝은 좋지 않았습니다. 어떻게든 로트레크를 붙잡고 싶었던 발라동은 급기야 자살 소동을 벌였는데, 그녀를 걱정해 친구와 함께 찾아간 그녀의 집 앞에서 로트레크는 듣지 않았어야 할 이야기를 듣고 말았죠. 어머니와 이야기를 나누던 발라동이 자살 소동이 실은 로트레크를 붙잡기 위해 벌인 연극이었음을 고백하는 이야기를요. 발라동에게 철저히 농락당하고 배신당했다고 생각한 로트레크는 그녀와의 관계를 완전히 정리합니다. 어둡기만 했던 인생에 설레는 봄처럼 찾아온 사랑은 상처로만 남았습니다. 슬픈 사랑이 막을 내린 뒤에 로트레크의 친구는 말했죠. 로트레크는 아마 아무도 없는 집에서 완전히 혼자가 된 후에야 울었을 거라고 말이죠.

잘 알려지지 않은 이야기가 하나 더 있습니다. 로트레크는 남서부 지방으로 가는 배 안에서 한 여성에게 첫눈에 반한 적이 있습니다. 좋아하는 바다를 보기 위해 배를 탔고 친구 기베르가 동행했죠. 배 위의 갑판에서 끈 달린 모자를 쓰고 의자에 앉아 빛을 받고 있는 한 여성을 보았

La Passagère du 54

54호실의 여인, 툴루즈로트레크,
1896

배 위에서 반한 여성을 그린
그림입니다. 어떤가요? 로
트레크의 설레는 마음과 다
정한 감정이 담겨 있지 않나
요?

습니다. 우아함 그 자체였죠. 그녀가 바로 〈54호실의 여인La Passagère du
54(1896)〉의 주인공으로 제목 그대로 54호실의 승객이었습니다. 결혼
한 그녀는 남편을 만나러 세네갈에 가는 길이었죠. 사실 결혼하지 않았
다 해도 로트레크는 말을 걸 용기가 없었습니다. 자신을 보고 인상을 쓴
다면, 그 상처는 너무 클 것이라 생각했죠. 로트레크는 그녀의 모습을 잊
지 않기 위해 빠르게 스케치합니다. 그녀를 또 보고 싶어서 친구에게 아
프리카까지 가자고 졸랐다고 하니 얼마나 빠져 있었는지 알 수 있죠. 그
리고 당시 남긴 스케치를 바탕으로 작품을 완성합니다.

외면당한 사람들을
주목하는
어느 화가의 시선

로트레크의 드로잉은 물랭루주 밖에서도 계속되었습니다. 다른 사람들은 조금도 관심을 가지지 않는 것을 들여다보기로 마음먹은 로트레크가 찾아간 곳 가운데 사람들이 가장 경악한 장소는 매춘굴이었습니다. 로트레크는 주기적으로 사라져 일주일이고 열흘이고, 길게는 한 달씩이나 감감무소식이다가 돌아오곤 했는데요. 아예 매춘굴에 방을 얻었습니다. 그 사람들의 평범하디평범한 일상에 본질이 담겨 있다고 믿은 로트레크는 그들의 꾸미지 않은 모습을 그리고 싶었는데, 그러려면 왔다 갔다 할 일이 아니라 거기에서 먹고 자면서 매 순간 사람들을 관찰해야 했습니다. 그곳에 도착해 붓부터 꺼내 들면 그림의 대상이 되는 사람들에게서는 경직된 표정과 동작을 보게 될 뿐이었거든요. 평소와 다름없는 그들의 일상을 보기 위해서는 낯선 장소와 낯선 사람들에게 자신이라는 존재가 익숙해질 시간이 필요했고, 로트레크는 그곳에 거처를 마련하는 방법을 택했죠.

　　하층민들조차 무시했던 집단이 바로 매춘굴에 사는 여성들이었습니다. 갈 곳 없는 하층민들이 모인 그곳에서도 최하층민 취급을 받는 이들이 바로 매춘부였죠. 그들도 몸을 팔아 생계를 유지하는 삶을 원했던 것은 아니었습니다. 더는 삶을 헤쳐나갈 방법이 없어서, 먹고살기 위해 자신들이 선택할 수 있는 유일한 방법이었기에 택했을 뿐이었죠. 문자 그대로 굶어 죽기도 할 때였으니까요. 자연히 로트레크가 그린 그림에 수많은 이들은 무시무시한 비난을 쏟아냈습니다. 그릴 게 없어서 하층민들의 일상 따위나 그리고 있냐고요. 이게 어떻게 예술의 주제가 되냐고 말입니다. 아이러니하게도 지금은 그때와는 정반대로 값진 평가를 받고 있죠. 더는 귀족들이 그리라는 그림을 그리는 시절도 아닐뿐더러 예술에 대한 정의가 몹시 다변화했기 때문입니다. 하지만 그때는 무려 19세기 말, 이런 그림이 받아들여진다는 건 도무지 상상하기 어려운 환경이었습니다. 돈을 필요로 하지 않는 화가였기에 그릴 수 있었던 그림이기도 했고요.

〈물랭가의 살롱에서Au Salon de la Rue des Moulins(1894)〉나 〈침대 Dans le Lit(1892)〉〈몸단장Rousse(La Toilette)(1889)〉 등의 작품들이 모두 매춘굴에서 그린 그림들로, 작품에 등장하는 여성들은 모두 매춘부입니다. 일을 나가기 전에 대기하고 있는 여성, 일할 채비를 하고 있는 여성, 고단한 하루를 끝내고 누워 쉬고 있는 여성까지 그들의 팍팍한 하루가 그림 속에 생생하게 담겨 있죠. 〈침대〉에서 누워 있는 사람은 얼핏 보면 남자 같기도 하지만 여성이 맞습니다. 팔 수 있는 건 다 팔아야 했던 그들에게는 머리카락도 잘 길러서 팔아야 하는, 오롯이 자기에게서 비롯한 재산

Au Salon de la Rue des Moulins 물랭가의 살롱에서, 툴루즈로트레크, 1894

Dans le lit 침대, 툴루즈로트레크, 1892

이었습니다. 실제로 매춘굴에 사는 여성들 상당수는 머리가 아주 짧았습니다. 즉, 그림 속에 누워 있는 두 사람은 모두 여성이었습니다. 동성애를 상징하는 그림이었던 것이죠. 21세기에도 받아들여지기가 험난한 이 주제를 마주한 그때의 사람들이 무슨 말들을 보냈을지는 짐작하기 어렵지 않죠. 남들이 주목하지 않는 것, 다른 이들이 고개를 돌려 바라보지 않는 것들을 그리겠다는 다짐은 그토록 단단했습니다. 오히려 사회에서 눈에 띄지 않는 사람들을 더 열심히 찾아다녔죠. 로트레크는 생전에 이렇게 말했어요. 어느 누구도 다른 사람을 소외시킬 권리는 없다고요. 남부러울 것 없는 귀족사회에서 장애를 갖고 태어나 철저히 소외당한 경험을 해본 로트레크만이 닿을 수 있는 생각의 깊이가 아니었을까요.

〈몸단장〉을 보면 특히 가슴 한쪽이 저릿한 기분이 듭니다. 빨래들이 이리저리 나뒹구는 통에 앉아 멍하니 어딘가를 바라보고 있는 여인의 뒷모습에서 들리지 않는 한숨이, 보이지 않는 슬픈 눈이 보이고 들리는 것만 같죠. 상체에는 옷 하나 걸치지 않은 상태임에도 에로틱한 느낌은 조금도 없습니다. 앙상하여 힘없이 널부러질 것만 같은 몸을 간신히 그러모아 겨우 자세를 유지하고 있는 듯한 여인을 위에서 바라보는 이 그림에서 느껴지는 감정은 연민밖에는 아무것도 없습니다. 같진 않더라도 누구나 겪어봤을 비슷한 슬픔과 힘듦을 상처투성이었던 로트레크는 더 예리하게 잡아낸 것이겠죠. 그림 속 주인공이 어떤 하루를 살아갈지 그 구체적인 모습을 우리는 본 적 없지만, 그녀에게 펼쳐질 하루가 얼마나 고단할지는 너무나도 잘 알 것만 같습니다. 로트레크의 그림이 지닌 힘이죠.

Rousse (La Toilette) 몸단장, 툴루즈로트레크, 1889

스스로 구한 자유

그리고

제 발로 뛰어든

파멸의 늪

술이 문제였습니다. 그냥 술도 아니고 압생트였습니다. 오죽하면 '녹색 요정'이라는 별명이 생겼을 정도였을까요. 알코올 도수 60~70도를 넘나드는 독하디독한 이 초록의 술을 마시면 요정 같은 환각이 눈앞에 떠다닌다고 하여 붙은 별명이었는데요. 하루가 다르게 숱한 사람들이 압생트에 빠져들면서 심각성이 점차 걷잡을 수 없이 드러났습니다. 압생트가 신경계통에 문제를 일으킨다는 것이 명백해지자 1915년엔 결국 프랑스 정부가 압생트를 향정신성 물질, 즉 마약으로 규정하고 판매를 금지하기에 이르죠. 당시 활동하던 예술가들을 비롯해 이미 엄청난 수의 사람들이 녹색 요정에 중독된 다음이었지만요.

매일같이 술집에 앉아 해롭고 독한 초록빛 물질을 입에 털어 넣는 사람 중 하나가 로트레크였습니다. 화가인 고흐와 고갱, 모딜리아니, 시인 보들레르와 시인이자 소설가인 오스카 와일드 등등 숱한 예술가들이 압생트와 함께 거론됩니다. 예술가들의 감성을 끌어올리는 원천이기도 했으니까요. 하지만 어느 누구도 로트레크를 따라잡지 못할 정도였는데요. 몸도 성치 않았으니 후유증은 더 심각했죠. 동료들이 그토록 만류

하는데도 로트레크는 압생트의 유혹을 뿌리치지 못했고, 머지않아 우려하던 일이 슬슬 나타나기 시작했습니다. 로트레크는 30대 중반부터 심한 정신병을 앓습니다. 그때 로트레크를 본 사람들이 증언하길, 장난감 강아지를 살아 있는 강아지 대하듯 데리고 산책을 다니고, 코끼리 인형을 울지 말라고 달래주는 모습을 본 사람도 있었습니다. 총을 가지고 다니며 거미 하나만 봐도 쏘아버리기도 했다고 하고요. 정신착란이 심각한 수준에 이른 어느 날, 술에 취한 로트레크가 길 한가운데에서 쓰러진 채 발견되기에 이르렀습니다. 술에 취해 인사불성이 된 친구를 업어 집에 데려다주는 게 뭐 별일이겠느냐마는, 누가 봐도 이건 좀 다른 상황이었죠. 이대로 두었다가는 무슨 일이 생길지 모른다고 생각한 친구들은 꽤 단호한 결정을 내립니다. 로트레크를 정신병원에 강제로 입원시키기로요. 어떠한 상황에서든 언제나 아들의 편에 서서, 누구보다 아들을 사랑하고 지지했던 로트레크의 어머니조차 아들을 정신병원에 입원시키는 데 동의했죠. 우선은 살리고 봐야 했을 테니까요.

　술에서 깨어난 로트레크는 자신이 누워 있는 곳이 어디인지를 깨닫고는 한바탕 난리를 피웁니다. 나중에 본인의 입으로 이야기하길, 자기 삶에서 가장 무섭고 두려웠던 순간이 바로 정신병원의 독방에 갇혀 있던 그때였다고 회상합니다. 내 인생은 문을 열고 나갈 수도 없는 이 좁은 독방에서 끝이 나겠구나, 생각하며 끝없는 절망의 나락으로 곤두박질친 겁니다. 절박한 마음에 아버지에게 자신을 구해달라는 편지를 보냈

Au Café 카페에서, 에드가 드가, 1876

Absinthe 압생트, 반 고흐, 1887

당시 파리의 많은 화가들이 이 초록의 알코올, 압
생트에 빠져 있었습니다. 많은 그림에서도 압생
트를 확인할 수 있죠. 드가가 그린 여인은 압생트
에 취해 멍하게 앉아 있고 고흐가 그린 테이블 위
의 압생트는 이 술이 얼마나 매력적인지 확인할
수 있죠.

지만 아버지는 언제나처럼 자신의 아들을 매몰차게 외면했습니다. 구제 불능 상태에서 정신병원에 갇힌 알코올의존자, 아니 마약중독자의 말로 는 더 보지 않아도 알 것만 같은데요. 로트레크는 여기서 반전을 보여줍 니다. 단 3개월 만에 이곳에서 제 발로 걸어 나온 겁니다. 그 자신이 말한 대로 드로잉으로 자유를 산 것이죠.

절망도 하루이틀이었던 걸까요. 정신병원에 갇힌 지 3개월쯤 지 난 어느 날, 로트레크는 자신에게 면회를 온 친구에게 한 가지 부탁을 합 니다. 다음번에 올 때는 색연필과 파스텔, 그리고 스케치북을 가져다달 라고요. 친구는 다음번에 약속대로 그림 도구를 챙겨 왔고, 로트레크는 그림 도구를 받아 들자마자 그림을 그리기 시작합니다. 로트레크가 그린 것은 무려 10년 전에 첫 번째 스승 프랭스토와 함께 보았던 서커스 장면 들이었습니다. 로트레크는 실제로 머리가 매우 뛰어나고 명석했다고 합 니다. 그는 까마득한 기억 속의 일을 머릿속에 떠올려, 마치 지금 눈앞에 서 펼쳐지는 모습을 보면서 그린 듯 정확하게 묘사한 서른여섯 점의 그 림을 담당 의사에게 보입니다. 내 기억력이 얼마나 또렷한지, 정신은 얼 마나 온전한지를 강조하면서요. 담당 의사는 서른여섯 점의 그림을 보고 로트레크에게 정상 판정을 내렸습니다. 로트레크는 죽어서야 나갈 줄 알 았던 정신병원을 단 3개월 만에, 그것도 제 힘으로 문을 열고 나와 친구 에게 말합니다. 나는 내 드로잉으로 자유를 샀다고.

구속에서 벗어난 해방감에 취했던 그때의 로트레크는 결코 알지 못했겠지만, 이 자유는 끝내 비극으로 향하는 지름길이 되고 말았죠. 병원에서 나온 지 얼마 되지 않아 로트레크는 다시 압생트에 손을 댔고, 보다 못한 어머니는 로트레크에게 사람을 하나 붙였는데요. 해군 출신의 폴 비오라는 인물에게 로트레크가 술을 못 마시도록 감시하는 일을 맡겼습니다. 하지만 그 어떤 것도 중독을 이기지 못했습니다. 급기야 속이 빈 지팡이에 술을 채워 다니며 폴 비오의 눈을 피해 술을 마실 정도였으니까요. 통제력은 사라진 지 오래였죠. 어쩌면 이제는 삶을 그만 놓아버리고 싶다고 생각했던 걸까요. 로트레크가 자신이 사망하던 해에 그린 〈해군 제독 차림의 폴 비오Paul Viaud en Tenue d'Amiral du 18e(1901)〉를 보면, 어디론가 손짓을 하고 있는 폴 비오와 오른쪽으로 떠나가고 있는 배가 보이는데요. 이 배가 로트레크 자신을 상징합니다. 로트레크가 유일하게 할 수 있었던 운동은 수영이었다고 해요. 자기가 할 수 있는 유일한 방법으로 구속에서 벗어나고자 했던 마음을 로트레크는 그림으로 표현했던 거죠.

　　몰래 숨어 술을 마시기에 이르러 마침내 정신뿐 아니라 육체가 눈에 띄게 망가지기 시작했습니다. 사망하기 반 년 전인 3월에는 급기야 하반신 마비가 찾아오는데요. 전기 치료를 통해 마비는 고쳤지만 이 일로 로트레크는 죽음이 자신의 곁에 가까이 왔음을 직감합니다. 다시 한번 쓰러지면 그게 마지막이 될지도 모른다는 점을요. 로트레크는 다리를 고

Paul Viaud en Tenue d'Amiral du 18e 해군 제독 차림의 폴 비오, 툴루즈로트레크, 1901

로트레크가 사망하던 해에 그린 작품으로 어디론가 떠나가고 있는 배는 로트레크를 상징합니다. 장애라는 구속에서 벗어나고자 했던 마음을 그림으로 표현했던 거죠.

치자마자 자신의 아틀리에로 돌아가서 채 완성하지 못한 작품들을 하나씩 완성합니다. 사인을 남기지 않은 작품에는 일일이 사인을 했고요. 오래 지나지 않아 뇌졸중으로 쓰러지고, 다시 눈을 떴을 때는 반신불수의 몸이 된 다음이었죠. 아들이 쓰러졌다는 소식을 듣고 한달음에 달려온 어머니는 아들을 데려가 끝까지 정성껏 보살핍니다. 그로부터 몇 달 지나지 않아 로트레크는 한마디 말을 남기고 서른여섯의 나이로 생을 마감합니다. "어머니, 제게는 당신뿐입니다. 죽는 건 너무나 고통스럽습니다."

눈을 감는 그 순간까지 아무런 조건 없이, 자신이 어떤 모습을 하고 있든, 어떤 그림을 그리든 오롯이 존재 그 자체로 자신을 사랑해 준 이는 어머니가 유일했습니다. 그만큼 어머니에 대한 로트레크의 애정도 애틋했죠. 맹목적인 사랑이라는 것이 부모라고 당연한 것이 아님을 우리는 잘 압니다. 아버지에게 외면당한 경험이 있는 로트레크는 그 점을 더욱 뼈아프게 느꼈을 테고요. 〈말로메 살롱에서 아델 드 툴루즈로트레크 Adèle de Toulouse-Lautrec dans le Salon de Malromé(1886~1887)〉와 같은 작품에서는 어머니에 대한 사랑이 아주 잘 드러납니다. 열여덟 살, 아직 어머니와 함께 살던 시기에 그린 그림인데요. 이 그림에서 어머니의 얼굴은 창으로 드는 햇빛보다 더 밝게 빛납니다. 어머니 뒤쪽으로 난 창에서 드는 빛으로 추정하건대 실제로는 어머니의 얼굴은 그늘이 져서 어두웠을 것이 틀림없음에도 그림에서는 어느 부분보다 밝게 빛납니다. 자신의 자화상을 그릴 때는 얼굴에 짙게 그늘을 드리운다거나, 다리를 몹시 짧게

Adèle de Toulouse-Lautrec dans le Salon de Malromé
말로메 살롱에서 아델 드 툴루즈로트레크, 툴루즈로트레크, 1886~1887

평생 그를 사랑으로 감싸주었던 어머니 아델을 그린 그림에는 로트레트의 애정
이 듬뿍 드러나 있습니다. 자신을 그릴 때와는 전혀 다른 따뜻하고 아름다운 그림
이죠.

그리는 등 더 어둡고 부정적으로 또는 희화화하여 표현하는 방식과는 몹시 대조적이죠.

생전에 사람들이 비난하는 그림만 그렸던 툴루즈로트레크, 그가 지금 이토록 유명해진 데에는 어머니의 공이 큽니다. 어머니는 아들의 마지막 가는 길을 돌보고 지켜주었을 뿐만 아니라 살아서 인정받지 못했던 로트레크의 그림이 그의 죽음과 함께 사라져버리지 않도록, 나중에라도 많은 사람들이 볼 수 있도록 로트레크의 고향인 알비에 그가 남긴 모든 작품을 기증합니다. 알비에서는 로트레크의 그림을 건네받은 뒤, 1922년에 베르비 궁전을 개조하여 툴루즈로트레크 미술관Musée Toulouse-Lautrec을 지었고요. 툴루즈로트레크 미술관에는 약 600여 점의 작품이 전시되어 있는데요. 로트레크의 그림을 자신이 보관하거나 판매하는 대신 기증하는 방법을 선택함으로써 로트레크가 지금처럼 사람들에게 널리 알려지게끔 한 사람이 바로 그의 어머니, 아델Adèle이었습니다. 아들이 평생을 바쳐 그린 그림을 나중에라도 누군가가 봐주길 바랐던, 짧은 생을 살다 간 아들이 그림으로라도 자신의 곁에 영원하길 바랐던 마음이 이 정도면 꽤 제대로 이루어진 것 같지 않나요?

그래픽아트의 선구자

19세기에 들어서며 사진, 석판화 등 인쇄 기술이 발달해 예술품을 대량으로 생산할 수 있었습니다. 예전에는 귀족이나 부유층의 전유물이었던 예술을 대중들도 참여할 수 있도록 만들어주었죠. 또한 1890년대는 컬러 인쇄 기술이 발달하고 포스터를 거리에 부착하는 법률이 완화되면서 파리 곳곳에는 광고 포스터가 넘쳐났습니다.

그리고 로트레크는 혁신적인 포스터 디자인으로 최초의 현대적인 포스터를 그린 선구자로 평가받고 있죠. 비평가 펠릭스 페네옹Félix Fénéon은 "감초를 사용해 민망한 쾌락을 느끼게 만드는 엉터리 그림보다 훨씬 활력 있는 툴루즈로트레크의 포스터를 손에 넣으라"라는 말을 남겼고 로트레크의 포스터는 사람들이 떼어 가기 일쑤였습니다.

쾌락의 여왕 Reine de Joie(1892)

소설가 빅토르 조제 Victor Joze의 신작 『쾌락의 여왕』 홍보 포스터입니다. 부유한 남성과 하층민 여성 사이에서 벌어지는 당시 파리의 사회 풍조를 풍자했는데요. 로트레크는 상류층의 모순적인 행동을 풍자하며 비꼬는 것을 즐겼습니다. 이 포스터는 소설의 표지로도 사용되었는데 포스터가 나오자 큰 반향을 일으켰고 포스터 철거 운동까지 촉발시킵니다. 걸리는 분들이 많았나 봅니다. 그림 속 등장인물이 실제 인물인지에 대해서도 추측이 난무했다고 하죠.

모던한 기술자 L'Artisan Moderne(1896)

로트레크의 카바레 공연 포스터가 성공하자 각 업종에서 포스터 주문이 물밀듯이 밀려옵니다. 이 포스터는 파리의 유명한 인테리어 디자이너 앙드레 마티 André Marty의 주문으로 제작되었습니다. 하지만 로

트레크는 돈을 버는 것에는 관심이 없었죠. 그저 보는 사람에게 재미있는 이미지를 전달하며 즐겁게 만드는 것이 목표였습니다. '실내 장식 디자이너의 방문'을 '의사 왕진'으로 패러디합니다. 그런데 진찰하러 온 의사의 가방이 도구 상자이고 손에는 망치를 들고 있죠. 의사의 눈빛은 음흉하고 침대에 누워 있는 여성은 마치 이 남자를 기다린 듯합니다. 하녀의 놀란 표정이 참 재미있죠.

사진가 폴 세스코Paul Sescau Photographe(1894)

포스터 속 주인공인 폴 세스코는 로트레크의 친구입니다. 몽마르트르에 아홉 개의
스튜디오를 운영하고 있는 유명 사진작가였죠. 로트레크의 작품을 처음으로 촬영한
사진작가이기도 합니다. 그런데 세스코는 사진을 찍어준다는 핑계로 젊은 여성들을
스튜디오로 초대해 유혹하는 질 나쁜 버릇이 있었죠. 로크레크는 교묘하게 그 모습
을 담았습니다. 얼굴을 가린 세스코의 다리 사이에 늘어진 보자기는 성기를 연상시
킵니다. 모델이 입고 있는 옷을 자세히 보세요. 무늬가 전부 물음표인 것을 알 수 있
죠. 모델이 사진작가를 의심한다는 것을 암시하고 있습니다. 로트레크의 해학과 풍
자가 드러나는 작품입니다.

메이 벨포르 May Belfort(1895)
메이 밀턴 May Milton(1895)

로트레크는 '레 데카당Les Decadents'이라는 카페에서 메이 벨포르의 콘서트를 관람하고 그 매력에 푹 빠졌습니다. 벨포르는 긴 드레스를 입고 검은 고양이를 안은 채 공연했는데 어린아이 같은 목소리였다고 합니다. 이런 벨포르에게 많은 사람들이 빠져들었고 공연에서는 젊은이들이 떼창을 했다고 하죠.

메이 밀턴은 영국 출신의 댄서인데요. 로트레크는 그녀의 뉴욕 공연을 기념해 이 포스터를 제작했지만 크게 주목받지 못했습니다. 안타깝게도 메이 밀턴은 춤이나 연기에 재능이 없었고 뉴욕으로 떠난 뒤 소식이 끊깁니다. 로트레크는 인물에 초점을 맞췄고 단순한 디자인에 시선을 사로잡는 또렷한 색채 대비는 현대적인 감각으로 평가받습니다.

이 두 사람의 포스터를 함께 소개하는 이유는, 이들이 커플이었기 때문입니다. 이 사실을 알고 있던 로트레크는 의도적으로 크기를 비슷하게 만들고 빨간색과 파란색 세트로 제작합니다. 로트레크의 포스터는 이런 숨은 이야기를 찾는 재미가 있습니다. 참고로 로트레크가 세상을 떠나고 그를 존경했던 피카소는 이 포스터를 방에 걸어두었습니다. 그리고 자신의 작품 〈푸른 방(1901)〉에 이 포스터를 그려 넣었죠.

고단한 청춘이었습니다.
새하얀 희망이 찾아오는 듯하다가도
어느 날 갑자기 깜깜한 어둠 속에 내던져지고,
탄탄대로가 펼쳐지는 줄 알고 달리던 길 끝에서
갑자기 벼랑을 만나기도 했죠.

알폰스 무하는 드물게 살아생전 수많은 명예와 부를 누린 화가였지만, 자신의 운명을 바꿔놓을 일이 선물처럼 들어왔던 어느 크리스마스 전까지만 해도 인쇄소에서 만년 서브 아티스트 자리를 벗어나지 못하던 처지였습니다. 하지만 그의 성실함은 결국 그를 어디로든 갈 수 있게, 무엇이든 할 수 있게 만들었죠.

무하는 자신이 살던 시대의 대중이 바라고 열광하던 포스터를 그렸지만, 무하가 창조한 스타일은 백 년이 지난 지금까지도 수많은 예술가들에게 영감을 주며 끊임없이 변주되고 있죠. 하지만 그게 끝이 아닙니다.

무하가 말년에 그의 민족을 위해 그린 연작 〈슬라브 서사시〉는 사람들에게 자긍심과 믿음을 다시금 일깨웠습니다.

상업예술에 집중하면서도 수많은 대중들과 함께 예술을 향유할 방법을 고민했던 화가, 말년에는 고국과 민족을 위해 화가로서 할 수 있는 모든 것을 했던 화가, 지금부터 알폰스 무하의 삶을 들여다보겠습니다.

Alfons Mucha

1860-1939

신이 보내신 아이,
무하

세상에 특별하지 않은 자식은 하나도 없습니다. 하지만 무하의
어머니에게 무하는 조금 더 특별했습니다. 어느 날 갑자기, 운명처럼 찾
아온 꿈속 천사의 말 한마디에 삼십 대 중반까지 평생을 고집하던 독신
주의를 깨고 가진 아이가 바로 체코의 위대한 화가, 알폰스 무하였기 때
문이죠.

　　평소와 다름 없던 어느 날, 특별한 꿈 하나가 신실한 가톨릭 신자
이자 단호한 독신주의자의 마음을 돌려놓습니다. 꿈속에서 자신의 집 천
장이 열리더니 하늘에서 천사가 내려와 이렇게 말한 겁니다. 어머니를
잃은 아이들이 너에게 올지니, 그 아이들을 잘 보살피라고요. 잠에서 깬
아침, 꿈이 채 희미해지기도 전에 집에 도착한 편지 한 통, 먼 친척이 보
낸 편지였습니다. 얼마 전에 아내와 사별한 한 남자가 있는데 자신을 믿
고 한번 만나보지 않겠느냐는 내용이었죠. 아이가 셋 있다는 말도 함께
요. 독신주의자에게 중매라니, 여느 때라면 가당치도 않을 일이었겠지만
그날은 달랐습니다. 편지를 보자마자 지난밤의 꿈이 선명하게 떠오르며
틀림없는 하늘의 계시라는 생각이 강하게 들었죠. 그 길로 독신주의를

포기하고, 결혼 준비는 일사천리로 진행됩니다. 심지어 남편 될 사람 얼굴 한번 보지 않고서요. 혼기가 지난 삼십 대의 독신주의자는 하루아침에 세 아이의 엄마가 되고, 오래지 않아 자신의 혈육을 가집니다. 이 아이가 바로 신이 그녀에게 보내신 생명, 알폰스 무하였습니다.

1860년, 무하가 태어난 체코의 모라비아Moravia는 시골 중의 시골이었습니다. 아이가 가지고 놀 만한 장난감을 살 곳도, 놀러 나갈 만한 곳도 마땅치 않았죠. 무하의 어머니는 결혼 전에 하던 가정교사 일을 계속하면서 아들이 외딴 시골마을에서 혼자서도 재미있고 유익한 시간을 보낼 방법을 고민하게 됩니다. 귀족 집안 자제들을 주로 가르친 무하의 어머니는 명석하고 뛰어나다고 평판이 자자한 사람이었습니다. 어머니는 이리저리 궁리를 하다가 무하에게 목걸이를 하나 만들어주는데요. 이 목걸이에는 한 가지 독특한 점이 있었습니다. 메달 대신 연필이 달린 목걸이였어요. 걸음마도 떼기 전에 연필 목걸이를 선물받은 무하는 이때부터 언제나 연필과 함께하는 날들을 보냅니다. 갓난아기 때부터 그리고, 그리고, 그리고 또 그렸죠. 무하의 화가 인생 첫 작품으로 인정받는 그림이 바로 이때 탄생합니다. 여덟 살의 어린 무하가 연필 목걸이로 그린 그림은 그리스도가 십자가에 못 박힌 장면을 그린 〈예수의 수난Crucifix-ion(1868)〉이었습니다.

여덟 살짜리가 그려야 할 그림이 어디 따로 있나요. 하지만 보통 여덟 살 난 아이들이 그리는 그림에서 가장 큰 비중을 차지하는 대상은

Crucifixion 예수의 수난, 무하, 1868
무하가 여덟 살에 그린 작품입니다. 연필 목걸
이로 그린 그림이라니 더욱 놀랍죠.

엄마, 아빠, 동생, 할머니, 할아버
지처럼 가까운 가족이 대부분입니
다. 경험하는 세계가 아직 넓지 않
고 자신만의 우주에서 자기에게
가장 큰 영향력을 미치는 이들이
도화지 위에서도 강력한 존재감을
발휘하죠. 무하가 여덟 살에 그린
그림이 어딘가 몹시 특별해 보이
는 이유입니다.

여덟 살에 그린 그림만 봐
도 될성부른 떡잎이었으니 다른
길은 돌아볼 것 없이 우리가 아는 체코의 위대한 알폰스 무하로 내달렸
을 것 같은데요. 사실 연필 목걸이로 여기저기에 그림을 그리던 꼬마 무
하에게는 다른 꿈이 있었습니다. 너무나 의외라서 듣는 모든 분이 깜짝
놀라곤 하는 무하의 어릴 적 꿈은 가수였습니다. 놀라운 미술적 재능을
두고 뚱딴지처럼 갑자기 웬 음악이냐고요? 놀랍게도 무하는 노래도 정말
잘했다고 합니다. 아니, 그림 재능보다 노래 부르는 데 더 뛰어났다고 해
요. 목소리도 무척 아름다웠다고 하죠. 초등학교를 마치고 모라비아에서
가장 큰 도시 브르노Brno에서 중등학교에 해당하는 슬라브 김나지움에
입학한 뒤에는 성 베드로와 성 파울 성당Katedrála svatého Petra a Pavla에서

성가대원으로도 활동하며 용돈을 벌기도 했습니다. 학교에서는 쉬는 시간마다 친구들 모습을 그려주느라 바빴지만, 슬라브 김나지움에 들어갈 때까지만 해도 무하의 완고한 꿈은 화가가 아니라 가수였죠.

하지만 인간의 의지로는 거스를 수 없는 자연의 섭리가 무하의 첫 번째 꿈을 가로막고 섭니다. 남자라면 누구나 거치는 변성기가 그것이었습니다. 정도는 다르지만 세상 모든 사춘기 소년들은 하루아침에 목소리가 바뀌는 경험을 하는데요. 무하의 목소리는 방향을 조금 크게 틀었습니다. 나중에는 아예 본인이 맡은 알토 파트에 해당하는 음을 내지 못하게 되고, 더는 음악을 계속하기 어려웠습니다. 고운 목소리로 노래를 즐겨하던 소년은 차선책으로 자신이 그다음으로 잘하는 종목인 그림을 선택합니다. 만약 그때 무하의 목소리가 격변하지 않았다면 어떻게 되었을까요? 시대를 앞서간 그의 그림 스타일은 만나지 못했을지도 모르지만, 어쩐지 노래하는 무하도 궁금해집니다. 한 인간의 내면에 자리한 예술성은 어떤 형태로든 발현하기 마련일 테니까요. 그러고 보면 어쩐지 선이 곱고 색이 아름다운 무하의 그림에서 아름다운 노랫소리가 들릴 것만 같지 않나요?

모든 게 낯선 도시,
생각대로
흘러가지 않는
일들

학교를 졸업한 무하에게 아버지가 일자리를 하나 소개해 주었습니다. 법원에서 문서나 기록을 관리하는 서기였습니다. 이리 생각해 보고 저리 생각해 봐도 미술이나 음악과는 조금도 관련이 없는 일이죠. 아니나 다를까 법원에서 일을 하면서도 기록장 여기저기 그림을 그려놓는 바람에 상사들에게 눈칫밥깨나 먹었다는 이야기도 있는데요. 당장 쫓겨나지 않은 건 이때부터 빛을 발하는 무하의 타고난 성실함 때문이었습니다. 신입이 가져야 할 최고의 덕목을 장착했던 거죠. 일 좀 한다 싶어도 요령 피울 궁리만 하는 신입은 어딜 가나 환영받지 못하는 법이니까요. 업무를 보는 와중에도 그림이 머릿속에 떠나지 않았을 만큼 무하의 예술성은 다른 일로 메마를 만한 종류의 것이 아니었습니다. 결국은 그림으로 돌아갈 운명이었던 거죠.

　　무하가 세상에 본격적으로 발을 내디딜 즈음인 1880년 전후는 예술 분야의 큰 흐름이 바뀌던 대변혁의 시대였습니다. 새로운 예술을 부르짖던 아르누보의 물결이 파리와 런던을 시작으로 온 유럽을 뒤흔들며 본격적으로 휩쓸기 직전이었습니다. 게다가 무하가 태어난 나라 체코는 유럽 동쪽에 치우쳐 예술의 흐름을 주도하는 서유럽에서 거리가 조금은 떨어져 있었는데요. 지리학적 배경 때문이었을까요, 아니면 순전히 운이 따르지 않았던 걸까요. 무하가 가진 뛰어난 재능을 선보일 기회는 좀처럼 손에 잡히지 않았습니다. 한동안 이렇다 할 일거리가 없어 방황하다가 지루한 기다림 끝에 마침내 한 공방에 취직하게 되었습니다. 이웃 나라 오스트리아의 수도 빈에 있는 대규모 공방 가운데 하나였던 카우츠 브리오시 부르크하르트 공방에서 링 극장Ringtheater을 장식할 장식화가를 구한다는 공고를 보고 지원하여 합격한 것이었죠. 시작은 순수예술이 아니었다는 점이 조금 의아하지만 이제 숨통이 트이나 보다 할 때쯤 일을 맡고 있던 링 극장에 큰 불이 나는 비극이 일어나는데요. 1881년 12월에 발생한 링 극장의 화재 사건은 오스트리아 역사에 기록될 만큼 규모가 상당했던 화재 사건이었죠. 당분간 극장 운영이 어려워졌고 공방 사정도 나빠지면서 공방의 막내였던 무하는 하루아침에 일자리를 잃고 말았습니다.

힘들게 구한 일자리를 잃어버리고 무하는 하릴없이 다시 체코로 돌아왔습니다. 고향에서 가까운 동남부의 미쿨로프Mikulov에 머물며 귀족들 초상화를 그려주면서 생계를 이어나갔죠. 하루하루 할 수 있는 일에 최선을 다하는 자에게 찾아오는 행운이었을까요. 어느 눈밝은 귀족이 마침내 무하의 천재성을 알아봅니다. 무하가 그려준 초상화를 꽤 마음에 들어 한 에두아르트 쿠엔 벨라시Eduard Khuen Belasi 백작은 무하에게 여기서 이러고 있을 일이 아니라 제대로 그림을 그리려면 파리에 가서 더 배우는 게 좋지 않겠냐고 제안합니다. 15세기 전후로 이탈리아에서 시작되어 전 유럽으로 확산하며 예술의 대전환을 일으킨 르네상스를 이야기할 때 수 많은 예술가를 후원한 메디치 가문을 빼놓을 수 없는데요. 그 후로 귀족들이 예술가를 후원하는 일이 더러 생겼습니다. 무하 또한 운 좋게도 귀족에게 후원을 받는 예술가가 되어 그의 나이 스물일곱에 유럽에서 그림 좀 그린다 하는 사람들이 모인 도시, 파리로 향합니다.

무하는 파리에 도착하자마자 아카데미 쥘리앙Académie Julian이라는 사립미술학교에 등록했습니다. 프랑스 출신 학생들을 비롯해 미국이나 영국, 헝가리 등 다양한 나라 출신의 외국 학생들이 모여 함께 공부하는 미술학교였죠. 중학교 때 공부 좀 한다던 아이도 고등학교에 들어가면 세상에 나보다 공부 잘하는 애들이 이렇게 많구나 하고 충격을 받고, 고등학교 때 1, 2등을 놓치지 않던 아이도 전국에서 날고 기는 애들이 다 모인 대학에 가면 나는 아무것도 아니구나 하고 겸손해지기 마련인데요. 그때의 파리가 그렇지 않았을까요. 온 유럽에서 그림 좀 그린다 하는 사람은 다 모여든 곳이 바로 파리였으니 호락호락할 리 없었을 테죠.

하지만 무하는 특유의 성실함과 예술성으로 누구 못지않게 열심히 공부했습니다. 때가 되면 학업 진도를 정리한 내용과 그동안 그린 그림 일부를 백작에게 보내며 장학금(?)을 허투루 쓰지 않고 있음을 알리는데도 게을리하지 않았고요. 하지만 가련한 젊은 예술가가 먼 나라에 가

L'Académie Julian 아카데미 쥘리앙, 마리 바시키르세프, 1881

파리의 아카데미 쥘리앙은 다양한 나라에서 온 학생이 함께 공부하는 미술학교였습니다. 온 유럽에서 그림 좀 그린다 하는 사람은 다 모여든 곳이 파리이다 보니 무하에게도 쉬운 곳만은 아니었죠.

서 공부를 할 수 있게 도와준 천사에게 한 가지 단점이 있었으니, 인내심이 조금 부족했습니다. 무하가 이렇다 할 성과를 내지 못하자 어느 날 편지를 보내서는 더 이상 지원하지 않겠다는 의사를 알렸습니다. 파리로 떠난 지가 벌써 한세월인데 아직까지도 별 볼일 없는 걸 보아 하니 내가 아무래도 사람을 잘못 본 것 같다며 후원금을 끊어버린 것이죠. 태어난 나라에서 고군분투하다가 재능을 알아봐준 귀족의 도움으로 예술가들의 도시에서 새로운 기회를 찾는가 했더니 몇 년 만에 기대는 절망에 가까워집니다. 낯선 땅에서 혼자 벌어먹고 살아야 하는 커다란 숙제가 어느 날 갑자기 무하에게 주어진 겁니다.

무하는 르메르시에Lemercier라는 이름의 한 인쇄소에 취직을 합니다. 그나저나 그림을 그려야 할 사람이 인쇄소가 웬 말일까요? 뭐든 일을 해야 하니 선택한 법원 서기 같은 것이었을까요? 막막할지언정 죽이 되든 밥이 되든 파리에서 해결해 보겠다고 다짐한 무하였습니다. 당연히 그런 선택은 아니었겠죠. 그때는 요즘처럼 분업화가 철저한 시기가 아니었습니다. 인쇄소에서는 각종 포스터나 리플릿의 인쇄만 하는 게 아니라 인쇄물에 들어갈 그림을 그리는 일도 인쇄소에서 맡았습니다. 인쇄소에 소속된 아티스트들도 있었고 무하도 그중 한 명이었던 거죠. 메인 아티스트는 아니었고 서브 아티스트로 들어갔습니다. 메인이 되는 길은 멀고도 멀어서 해를 거듭해도 좀처럼 무하에게 그 길은 열리지 않았죠.

이십 대에 파리에 도착해 어느새 삼십 대에 접어들 만큼 시간이 지났는데도 무하는 인쇄소에서 여전히 서브 아티스트 자리를 벗어나지 못했고, 파리 예술계에서도 이름을 알리지 못했습니다. 포부에 차 도착한 낯선 나라에서 일은 생각처럼 풀리지 않고 의지해 마지않던 사람조차 등을 돌리는 처지에 흔들리는 멘탈을 제대로 붙잡을 수 있는 사람이 몇이나 될까 싶은데요. 무하의 일상은 달라진 적이 한번도 없었습니다. 아침이 되면 인쇄소에 출근하고, 메인 아티스트를 보조하며 그림을 그렸습니다. 오늘도, 내일도 그리고 모레도 달라지는 것 없이 한결같았죠. 법원 서기 시절에도 그 싹이 보였지만, 나중에 전해지는 주변 사람들의 이야기를 들어봐도 무하는 대단히 성실한 사람이었다고 하는데요. 조금이라도 더 연습하겠다며 단 하루도 쉬지 않고 날마다 출근을 했다고 합니다.

아마추어는 영감을 기다릴 때 프로는 그저 일하러 갈 뿐이라는 말을 혹시 들어보셨나요. 예술이라는 분야뿐 아니라 어느 분야의 전문가에게나 해당하는 말이 아닐까 싶어요. 대단한 영감이 떠올라 멋진 그림과 글, 사진이나 음악을 창작하는 것 같지만, 그저 뭐가 나올지는 모르겠으나 새로운 것을 만들어낼 수 있을까 하는 의구심과, 자칫하면 빈틈을 공격하려 호시탐탐 기회를 엿보는 매너리즘과, 영원히 떠나지 않는 창작에 대한 두려움을 이끌고 작업실로 향하는 꾸준함에서 무엇이든 탄생합니다. 스물일곱에 파리에 도착해 서른이 훌쩍 넘어 어느덧 삼십 대 중반에 이르는 나이가 될 때까지 무하를 포기하지 않고 매일 아침 인쇄소로 향하게 한 힘은 무엇이었는지, 무하가 매일같이 극복해야 했을 고단함이 무엇이었는지는 알 수 없습니다. 하지만 무하의 꾸준함이 만들어낸 기적은 한 편의 영화처럼 선명하죠. 서른넷 크리스마스에 찾아온 선물 같은 기회, 크리스마스이브의 기적은 무엇이었을까요.

크리스마스이브의
기적,
사라 베르나르

1894년 크리스마스이브, 르메르시에 인쇄소로 다급한 표정의 한 남자가 찾아옵니다. 서양에서 크리스마스는 일 년 중에 가장 중요한 명절이자 연휴죠. 당일은 물론 이브와 연말까지도 가족들과 집에서 시간을 보내거나 여행을 떠나 온 도시가 고요합니다. 1894년의 파리도, 르메르시에 인쇄소도 다르지 않았습니다. 직원 상당수가 연휴를 즐기러 떠난 크리스마스이브에 조용히 인쇄소를 지키고 있던 사람은 손에 꼽을 정도였죠. 무하도 남아 있는 한 사람이었고요.

　다급하게 인쇄소의 문을 열고 들어온 남자는 프랑스 대배우 사라 베르나르Sarah Bernhardt의 매니저였습니다. 사라 베르나르는 당시 프랑스를 주름잡던 유명한 배우이자 지금까지도 프랑스 사람들에게 프랑스 역사상 최고의 배우를 꼽으라고 하면 빠짐없이 등장하는 배우로 그녀에 관한 이야기만 해도 한 편의 영화가 따로 없습니다. 매춘부인 어머니에게서 태어나 온갖 고생을 하다가 끝내 배우의 꿈을 이루고는 일평생을 배우로만 살았는데요. 평생 무대밖에 모른 채로 백발의 노년에도 연기의 혼을 불태우던 그녀는 69세의 나이에 그토록 사랑했던 무대에서 그만

치명적인 사고를 당하고 맙니다. 부실한 무대 시설 탓에 연기 도중 무대에서 추락하여 한쪽 다리가 부러졌고, 당시 의학으로 할 수 있는 건 다 해보았지만 사고가 난 지 2년이 흐르고 난 뒤인 71세에 결국 한쪽 다리를 절단하게 됩니다. 배우에게 이보다 더한 절망이 어디 있을까요. 하지만 숱한 이들이 내뱉은 탄식에도 아랑곳하지 않고 세기의 대배우는 한쪽 다리로 다시 무대에 올랐습니다. 황혼의 사라 베르나르가 한쪽 다리 투혼으로 연기를 할 때면 관객들이 흐르는 눈물을 닦느라 바빴다고 하죠.

아쉬울 것 없는 이 유명 배우의 매니저가 그토록 다급했던 이유는 무엇이었을까요? 바로 곧 무대에 오를 사라 베르나르의 새 연극 〈지스몽다Gismonda〉의 포스터를 모두 폐기하고 처음부터 다시 만들어야 했기 때문입니다. 승승장구하던 사라 베르나르는 바로 직전에 막을 내린 연극에서 흥행에 참패하고 고뇌에 빠졌습니다. 포스터, 포스터가 문제라는 생각에 이르렀죠. 홍보 수단이라고 할 것이 손에 꼽을 만큼 빤하던 시절이었고 포스터는 대중에게 공연 등을 가장 직접적으로 알리는 수단이었습니다. 하지만 광고나 홍보에도 그 시대가 원하는 니즈가 있고, 흥행한 포스터의 디자인을 비슷비슷하게 표방하는 건 예나 지금이나 마찬가지였던 것 같습니다.

사라 베르나르의 연극 홍보 포스터도 당시 파리에서 흔히 볼 수 있던 포스터와 다를 바 없었습니다. 얼마 전에 막을 내리고 실망스러운 흥행 성적표를 받은 연극의 홍보 포스터 또한 딱히 모자라지도, 그렇다고 눈에 더 띌 것도 없는 포스터였죠. 이번 공연만큼은 반드시 성공시키고 말리라 이를 갈던 사라 베르나르는 이건 아니라고 단호하게 퇴짜를 놓으며 매니저에게 호통을 칩니다. 이 형편없는 포스터로는 이번 연극도 망하고 말 거라고요. 이 포스터는 폐기하고 당장 새로운 디자인 시안을 받아 오라고 매니저를 인쇄소로 보낸 것이었죠.

　　인쇄소를 찾은 사라 베르나르의 매니저는 난처하기 그지없었습니다. 크리스마스 연휴인 데다가 인쇄소에 남아 있는 디자이너라고는 만년 서브인 무하뿐이지, 뭐라도 새로운 걸 만들어가지 않으면 배우에게 불호령이 떨어질 것이 뻔하지, 새로운 연극까지 망칠 순 없지, 고민하던 매니저는 무하에게 상황을 설명하며 도움을 청합니다. 지금까지와는 다른 새로운 포스터 디자인이 아주 급히 필요한데 당신이 혼자서 해볼 수 있겠느냐고 말이죠. 무하는 주저하며 뒷걸음치지 않습니다. 대배우의 연극 홍보 포스터를 메인 아티스트 없이 자기 손으로 처음부터 끝까지 완성하는 일이라니, 혼자서 포스터를 만들어본 적이 없었으니 긴장이 될 법도 한데 무하는 매니저의 제안을 선뜻 수락합니다. 자신이 한번 만들어보겠다고 말입니다. 대단한 자신감이었죠. 준비된 자만이 기회를 잡는다는 말이 이럴 때 쓰라고 있는 걸까요. 기적 같은 기회를 잡아 인생이 크게 변한 사람들을 보며 우리는 흔히 운이 좋았다고, 하늘이 도왔다고 이야기하곤 하는데요. 운이 따른 것은 분명하지만 냉정하게 말해 준비되어 있지 않은 사람에게 찾아온 기회는 기회에서 그칩니다. 자신에게 찾아온 기회를 잡아 기적으로 만드는 사람은 언제가 될지 모를 그날을 위해 하루하루 목표를 향해 스스로를 갈고닦은 준비된 사람입니다. 무하는 바로 그런 사람이었습니다. 우리가 기억하는 위대한 화가 알폰스 무하를 만든 것은 그의 천재성 이전에 그의 성실함과 꾸준함이었던 것입니다.

하지만 당사자의 자신만만함과는 달리 일을 맡기는 처지에서는 불안한 게 당연했겠죠. 서브든 누구든 급한 대로 그림을 그리는 사람이라니 일단 붙잡고 봤는데 실력은 한번 확인해 봐야겠다는 생각이 들었을 겁니다. 매니저는 마침 사라 베르나르가 연극 연습을 하고 있는 극장으로 가서 배우의 모습을 먼저 그려보라고 제안했죠. 일단 그 스케치를 보고 일을 맡길지 말지 정하겠다고요. 무하는 극장에서 연극 연습을 하는 사라 베르나르를 스케치한 그림을 매니저에게 보여주고, 매니저는 그 자리에서 무하에게 포스터를 의뢰합니다. 귀족의 초상화를 그려주고 후원을 받아 유학까지 온 실력파가 바로 무하였죠. 매니저는 12월 30일에 포스터를 찾으러 올 테니 그때까지 그림을 완성해 달라는 말과 함께 그 전에 어디에서도 보지 못한 완전히 새로운 포스터를 부탁한다는 말을 남기고 안도하며 떠납니다.

모두가 한 해를 마무리하며 평온하게 휴식을 취하던 12월 마지막 주, 무하는 30년 그림 노하우를 모두 담아 자신만의 역작, 〈지스몽다 Gismonda(1894)〉를 만듭니다. 제도에 부딪히고 서열에 밀려 자신이 추구하는 바 한번 제대로 주장하지 못한 경험, 누구에게나 있을 겁니다. 나에게 온전히 모든 것을 결정하고 진행할 권한이 주어진다면 어떨까! 한번쯤 상상해 보지 않으셨나요? 담당자가 피치못할 사정으로 자리를 비운 사이 잠재력을 발휘해 하루아침에 그 능력을 인정받는 이인자, 서브, 조연 등이 나오는 이유도 그 때문일 테죠. 며칠에 걸쳐 처음부터 끝까지 자신의 손으로 심혈을 기울여 만든 포스터 시안을 인쇄해 놓고, 무하는 의기양양하게 사라 베르나르의 매니저를 기다립니다. 그러나 일은 무하의 생각처럼 흘러가지 않았습니다. 약속한 12월 30일이 되어 인쇄소로 찾아온 매니저는 무하가 만든 포스터를 보고 경악을 금치 못합니다. 인쇄공이나 인쇄소의 다른 직원들도 고개를 저었습니다. 지금까지 숱한 포스터를 여기서 찍어냈지만 무하가 만든 것과 같은 포스터는 어디서도 본 적이 없었으니 사람들에게는 생경하기만 했죠. 어디 이따위 해괴망측한 걸 만들어놨냐며 붉으락푸르락해진 매니저를 보고 무하는 풀이 죽어 아무 말도 하지 못했습니다. 다른 곳에 새로 의뢰를 맡길 더 이상의 여유는 없었고, 매니저는 선택을 해야 했습니다. 차라리 아무것도 들고 가지 않는다, 엉망이지만 이거라도 일단 들고 간다, 둘 중에 매니저는 당연히 두 번째 선택지를 고릅니다. 뭐라도 보여주고 욕먹는 게 낫다고 생각했겠죠.

매니저는 떨리는 마음으로 사라 베르나르에게 무하의 〈지스몽다〉를 보여줍니다. 그리고 정말이지 기적 같은 일이 벌어집니다. 베르나르는 무하의 포스터를 보자마자 지금까지 자신이 본 포스터 중에 가장

Gismonda 지스몽다, 무하, 1894

사라 베르나르 주연의 연극 〈지스몽다〉의 홍
보 포스터로 그때까지 없던 새로운 스타일에
열광한 파리 시민들이 하룻밤 만에 모두 가져
가 버려 재쇄를 찍어야 했습니다.

아름답다고, 너무나 마음에 든다고 극찬했습니다. 그림과 연기라는 다른 분야에 몸담고 있었지만, 남다른 예술성을 지니고 있던 베르나르에게는 작품을 보는 눈이 있었던 거죠. 모두가 아니라고 했던 무하의 포스터를 유일하게 인정한 사람이 바로 베르나르였습니다. 베르나르는 매니저에게 지금 당장 파리 시내로 나가 포스터를 붙일 수 있는 모든 건물에 포스터를 붙이라고 지시했습니다. 연극 〈지스몽다〉의 포스터를, 무하의 포스터 작품을 파리 시민들에게 처음으로 선보이는 순간이었습니다. 그야말로 파리 시내를 이 포스터로 도배를 했죠.

그리고 다음 날, 두 번째 기적이 일어났습니다. 매니저는 자신의 눈을 의심했습니다. 열심히 붙인 수많은 〈지스몽다〉 포스터가 하루 만에 모두 사라진 것이었죠. 단 한 장도 남김없이 모조리. 완전히 새로운 포스터에 시민들은 열광했고, 이 아름다운 포스터를 매일 보고 싶었던 나머지 다 떼어서 자기 집에 거는 바람에 시내에는 단 한 장도 남지 않은 것이었습니다. 베르나르가 무하의 포스터를 유일하게 인정했던 사람이 아니라, 포스터는 이래야 한다는 고정관념에 휩싸여 있던 전문가들을 제외한 모든 이들이 새로운 화가의 등장에 열광한 것이었습니다. 감각이 남달랐던 베르나르는 포스터 4,000부 추가 제작을 주문하여 나중에는 사람들에게 돈을 받고 포스터를 팔아 엄청난 수익을 올리기까지 합니다. 예나 지금이나 광고라면 SKIP 버튼을 누르기 바쁜데, 심지어 돈을 받고 판매를 하는데도 너도나도 사겠다는 홍보 포스터라니 사람들이 얼마나 좋아했다는 뜻일까요. 게다가 무려 완판이었다고 하죠.

그도 그럴 것이 무하의 〈지스몽다〉는 지금 보기에도 촌스럽거나 오래된 작품이라는 느낌이 조금도 들지 않습니다. 화려하고, 화사하고, 눈이 부시죠. 그때 유행했던 포스터와 나란히 놓고 보기에도, 〈지스몽다〉 하나만 따로 두고 봐도 말도 안 되게 아름답다고 밖에는 표현할 길이 없습니다. 〈지스몽다〉는 그 크기도 압도적이었습니다. 길이가 무려 2미터에 달하죠. 당시 인쇄기로 인쇄할 수 있는 최대 길이는 1미터로 아무리 긴 포스터도 1미터를 넘지 못했는데요. 〈지스몽다〉는 어째서 2미터 길이로 만들 수 있었을까요? 바로 두 장을 인쇄하여 이어 붙인 겁니다.

세로로 긴 그림은 당시 유럽에서 활동하던 미술가들에게 많은 자극을 준 일본의 목판화, 우키요에에서 영향을 받은 흔적이었습니다. 에도시대 서민 계층에서 유행한 우키요에는 평면적 구성, 특유의 문양과 색채 등 여러 측면에서 유럽 예술가들에게 영감을 주었는데요. 그림 자체만이 아니라 세로로 긴 구성 또한 생경한 것이었죠. 같은 그림도 크기나 배치에 따라 느낌이 사뭇 다르다는 사실, 책이나 작은 포스터로 본 그림을 전시회장에 걸린 액자나 미술관 벽을 가득 채운 원본으로 본 분들이라면 잘 아실 테죠. 거리에 걸린 〈지스몽다〉의 포스터를 보고 사람들이 느꼈을 충격이 어떤지 상상이 되지 않나요?

〈지스몽다〉 포스터의 인기는 예고편이었습니다. 빅토리앵 사르두Victorien Sardou가 쓴, 대공 부인 지스몽다와 평민 알메리오Almerio의 사랑을 다룬 4막짜리 멜로 드라마는 베르나르가 직전에 올린 연극의 실패를 잊어버릴 만큼 대성공합니다. 무려 100회까지 이어졌거든요. 무하가 포스터에 그린 종려나무는 승리를 상징하는 식물이기도 합니다. 사라 베르나르는 무하에게 당신이 나를 전설로 만들었다고 말하며 6년의 전속 계약을 제안합니다. 이때부터 사라 베르나르와 관련한 모든 포스터는 무하가 그리게 되었죠. 화가로서 무하의 탄탄대로도 본격적으로 펼쳐졌고요. 실은 서로가 서로를 전설로 만들었다고 보는 편이 맞을 겁니다.

포스터라는 예술,
거리의 미술관

무하는 그의 나이 서른넷에 하루아침에 파리의 포스터계에서 가장 유명한 화가가 됩니다. 그때부터 포스터 의뢰가 장르를 가리지 않고 물밀듯 들어왔습니다. 기나긴 무명 생활이 바야흐로 끝을 맞이하는 순간이었죠. 그중 가장 유명한 것이 〈뤼숑Luchon(1895)〉입니다.

이 포스터가 홍보하는 대상은 무엇일까요? 무하의 포스터는 어떤 제품을 홍보하는 포스터였는지 맞히는 재미가 있습니다. 홍보할 대상을 전면에 내세우거나 제품을 커다랗게 그리는 방식과는 거리가 멀었기 때문인데요. 요즘의 이미지광고와도 닿아 있는 면이 있죠. 여러모로 백여 년 전의 작품이라고 하기엔 시대를 한참 앞서간 화가였음에는 틀림없는 듯합니다.

〈뤼숑〉은 프랑스 남쪽 끝, 피레네산맥에 자리한 휴양지 바네르드뤼숑Bagnères-de-Luchon을 홍보하는 포스터였습니다. 하얀 갈기를 휘날리는 멋진 말을 탄 남자가 자신을 따라오면 아주 멋진 곳을 알려주겠다는 듯, 여행을 앞둔 사람 특유의 들뜬 표정으로 손짓합니다.

자세히 보면 오른쪽에는 카지노CASINO라는 글자가 보이죠. 상단에는 급행열차로 파리에서 열다섯 시간 거리라는 문구와, 하단 오른쪽에 아치형으로 쓴 글에는 온천 건물이 열주랑을 갖춘 시설이라는 점을 홍보합니다. 당시에는 건물 입면에 기둥이 늘어선 긴 복도 형태의 열주랑 시설이 인기였음을 짐작할 수 있습니다.

이 포스터가 나간 뒤 뤼숑은 그해에 몰려드는 여행객으로 발 디딜 틈이 없었다고 합니다. 무하의 인기가 날로 하늘을 치솟았음은 더 말할 것도 없겠죠.

한편 이 포스터에는 무하의 서명이 없는데요. 무하의 손으로 포스터를 처음부터 끝까지 완성한 것은 아니었기 때문입니다. 포스터에 보이는 두 건물은 다른 사람이 그린 것이라고 하죠. 다시 보면 무하의 스타일과는 어딘가 느낌이 좀 달라 보인답니다.

훈훈한 남녀가 데이트를 하며 행복한 시간을 보내는 순간을 그린 포스터 〈플리르트Flirt, Biscuits Lefèvre-Utile(1899)〉는 무하의 포스터 가운데서도 홍보 대상이 무엇인지 맞히기가 가장 어려운 편입니다. 자세히 살펴보면 아래쪽에 비스킷BISCUIT이라고 쓴 글자가 보입니다만, 포스터 전체의 분위기로만 봐서는 비스킷을 홍보하는 포스터인지 바로 알아채기가 쉽지 않습니다. 비스킷을 전면에 내세우는 대신 귀족 남녀가 데이트를 하는 행복한 순간에 우리 비스킷이 함께한다, 이런 메시지를 격조 있게 전달했기 때문이죠. '저 비스킷을 먹으면 나도 저렇게 우아한 귀족 같

Luchon 뤼숑, 무하, 1895

무엇을 광고하기 위한 포스터인지 아시겠나요? 피레네산맥에 자리한 휴양지 바녜르드뤼숑을 홍보하는 포스터입니다. 여행을 앞둔 남자가 들뜬 표정으로 손짓하고 있죠.

Flirt 플리르트, 무하, 1899

아래쪽에 써 있는 비스킷을 홍보하는 포스터입니다. 이 비스킷을 먹으면
이런 분위기 있는 귀족의 분위기를 가지게 될 것 같지 않나요?

JOB 욥, 무하, 1896

당시에 여성 인권이 올라가면서 사회적으로 성공한 여성은 흡연을 한다는 인식이 있었다고 합니다. 담배가 건강에 해롭다고 생각하는 지금은 잘 이해가 되지 않죠.

은 이미지를 갖게 될 거야!'라는 생각을 하게 만드는 광고죠. 어쩐지 한때 유행했던 초콜릿, 커피, 음료 등의 광고가 생각나지 않나요? 제품이 얼마나 맛이 좋은지를 설명하는 대신 제품을 소비하는 사람들에게 고급스럽고 낭만적인 분위기를 덧입힘으로써 제품의 이미지를 업그레이드하는 방식의 광고가 한창 쏟아지던 시절이 우리에게도 있었습니다. 무하는 무려 백 년이나 앞서갔던 거고요.

〈욥JOB(1896)〉이라는 이름의 포스터는 담배 광고입니다. 지금과는 이미지가 조금 다른데요. 당시에는 팜파탈, 치명적인 여성과 같은 말이 유행하며 여성 인권이 올라가던 시기였습니다. 미술학교에는 남자만 갈 수 있었지만 여학생들을 위한 미술학교도 생기고, 사립학교에도 다닐 수 있게 되었죠. 여권 신장과 더불어 사회적으로 성공한 여성은 흡연을 한다는 인식이 있었다고 합니다. 담배가 건강에 해롭다는 생각이 널리 퍼진 지금으로서는 잘 이해가 되지 않지만 당시에는 그런 인식이 흔해서 실제로 성공한 여성들은 담배 광고의 단골 모델이 되었습니다.

무하가 포스터를 넘어 새로운 장르로 진출하게 되는 것이 바로 이쯤인데요. 사라 베르나르의 새 연극 〈메데이아Médée(1898)〉의 포스터를 그리면서 기회는 우연히 찾아왔습니다. 〈메데이아〉는 사랑에 배신당해 복수의 화신이 된 메데이아의 모습을 표현한, 그리스의 시인 에우리피데스가 지은 비극 『메데이아』를 각색한 연극이었습니다. 메데이아의

Médée 메데이아, 무하, 1898

사랑에 배신당해 복수의 화신이 된 메데
이아의 모습을 강렬하게 표현한 연극 포
스터입니다. 이 연극 또한 사라 베르나르
가 메데이아 역을 맡았죠.

발 아래에는 시신이 누워 있고 검을 든 메데이아는 공포에 질린 눈으로 관객을 바라보고 있죠.

완성한 포스터를 받아 들고 여느 때처럼 흡족해하던 베르나르는 무하에게 다시 한번 감탄합니다. 무하가 그린 그림 속 뱀 모양 팔찌에 그만 한눈에 반한 것입니다. 포스터 속에서 베르나르가 차고 있는 뱀 모양 팔찌는 바람을 핀 여성에게 복수한다는 연극의 내용을 듣고 무하가 창작한 것이었습니다. 애초에 정해놓은 연극 소품도 아니었고, 어느 누구도 사전에 그려달라고 말한 바 없는 요소였죠. 하지만 베르나르는 포스터를 보자마자 이번 연극에서는 반드시 저 팔찌를 차겠다고 다짐합니다. 마음먹은 건 대체로 이루고야 마는 사람이 또 베르나르 아니었던가요.

무하가 그린 그림을 바탕으로 실제 팔찌 디자인을 할 사람을 찾아야 하는데, 딱히 부탁할 만한 이가 떠오르지 않았던 베르나르는 무하에게 부탁을 합니다. 팔찌 같은 장신구 디자인도 한번 해볼 수 있겠느냐고 말이죠. 장신구나 조각은 만든 적 없는, 단지 그림 그리는 화가일 뿐인 무하에게 선뜻 부탁을 할 만큼 무하에 대한 베르나르의 신뢰는 단단했습니다. 무하는 크리스마스이브에 처음으로 포스터 의뢰를 받은 그날처럼 이번에도 망설이지 않고 대답합니다. 자신이 기꺼이 해보겠다고 말이죠. 거절이라고는 모르는, 자신에게 오는 기회를 잡을 줄 아는 준비된 사람이 또 무하였죠. 무하가 디자인한 팔찌를 실제 제품으로 제작한 금 세공사 조르주 푸케Georges Fouquet는 무하와 3년 계약을 맺고 그 후로도 무하가 의뢰하는 인테리어와 보석 디자인에 참여하며 인연을 이어갔습니다.

수없이 다시 도안을 그리고, 또 그린 끝에 무하는 다시 한번 역사에 길이 남을 역작을 만들어냅니다. 뱀 모양 팔찌와 팔찌에서 이어진 반지까지 한 세트로 만든 작품은 너무나 세련되고 독특하며 아름다운 장신구였습니다. 역시나 사라 베르나르는 다시 한번 무하에게 찬사를 보냅니다. 어찌나 마음에 들어 했던지 연극을 할 때는 물론이고 무대에 오르지 않을 때도 자주 이 팔찌를 차고 다녔다고 하니, 무하와 베르나르는 정말이지 떼려야 뗄 수 없는 예술의 단짝이이었죠.

무하는 또 다른 예술가 친구를 만나게 되는데요. 바로 조각, 하면 가장 먼저 생각나는 그 이름, 로댕Auguste Rodin입니다. 무하는 로댕과 1891년 파리의 한 카페에서 우연히 만나 친분을 이어가는데요. 두 사람의 작업실이 가까운 것이 인연이 되었죠. 스무 살이 넘는 나이 차이에도 불구하고 둘은 서로에게 좋은 친구가 되어주었습니다. 서로의 작업실을 왕래하며 무하는 로댕에게 조소를 배우는데, 이것이 훗날 장신구 디자인이나 조각품을 만드는 데 큰 도움이 되었습니다. 1902년에 로댕이 프라하에서 전시회를 열었을 때는 무하가 함께 참석하여 로댕을 에스코트하기도 했습니다. 나중에 아내가 될 사람도 이 전시회에서 만났는데요. 모두가 로댕을 향해 환호할 때 무하에게 반해 시선을 떼지 못하더니 결국은 나중에 무하를 찾아와서 그림을 가르쳐달라고 하며 둘은 가까워졌습니다. 무하의 아내도 화가 지망생이었거든요.

무하는 디자인이라는 분야에서 거의 신세계를 이루어낸 사람입니다. 무하가 뭐 하나 선보일 때마다 그야말로 난리였습니다. 이 해괴한 걸 어디다 쓰냐고 하는 사람도 있었지만 그가 새로운 시도를 할 수 있게끔 계속해서 새로운 작품을 제안하는 베르나르와 그의 작품에 있는 그대로 열광하는 대중들이 그의 예술성을 증명했죠. 무하는 다른 흔한 예술가들과는 어딘가 다릅니다. 살아 있을 때 성공해 엄청난 부를 쌓았다는 점도 당시의 많은 화가들과 다르고, 한 여성과 결혼해서 오래오래 행복하게 살았다는 점도 그렇죠.

　　하지만 무엇보다 높이 살 만한 것은 그의 인격 자체였습니다. 무하는 화가이기 전에 성실한 인간이었고, 다른 이들을 돌아볼 줄 아는 사람이었습니다. 무하가 계속해서 포스터를 그린 이유는 포스터 하면 무하였던 만큼 수많은 의뢰인이 끊이지 않았기 때문이기도 하지만 그 자신의 신념 때문이기도 했습니다. 그는 실제로 이런 말을 남겼습니다.

　　"포스터는 더 많은 대중을 계몽하기에 좋은 수단이다. 일하러 가는 그들은 멈춰 서서 포스터를 보게 될 것이고, 정신적인 기쁨을 얻을 수 있다. 거리는 누구에게나 열려 있는 전시장이 될 것이다."

　　예술 작품을 향유할 수 있는 수단과 장소가 넘쳐나는 지금과 달리 과거에 예술은 있는 자들이나 누리는 특권이었습니다. 하루하루 삶을 꾸려가기가 빠듯한 서민이 갤러리나 박물관에 가서 여유롭게 작품을 감상하는 모습은 상상하기 어려운 것이었죠. 하지만 무하의 포스터가 건물의 외벽에 붙는 순간, 누구나 오가는 거리는 한순간에 새로운 갤러리가 되었고, 거리를 지나다니는 누구든지 일상 속에서 무하의 작품을 마음껏 즐겼습니다. 미술관에 걸 단 하나밖에 없는 값진 작품보다 누구나 어디서든 감상할 수 있는 포스터를 그리는 것이 더 의미 있는 일이라고 믿었던 화가였죠.

가난한 사람도
아름다움을 누릴
권리가 있습니다

아르누보Art Nouveau라는 말은 한 번쯤 들어보셨을 텐데요. 프랑스어라 무슨 뜻인지 한번에 와닿지 않지만 영어로 보면 아주 직관적입니다. 뉴 아트New Art, 바로 새로운 예술을 뜻합니다. 독일어권에서는 같은 의미로 유겐트슈틸Jugendstil이라고 부르기도 하죠. 클림트 편에서 언급한 빈 분리파도 새로운 예술을 추구하는 운동의 일환이었으니 지금까지와는 다른 예술을 추구하는 분위기가 전 유럽에 퍼져 있었다는 말이겠죠.

당시는 산업혁명이 시작된 지도 한 세기를 훌쩍 넘어 세계가 급변하던 시기였습니다. 기술이 발전하고 기계가 발달하면서 사람 손으로 하던 일이 그 가치를 잃어갔고, 사진의 등장은 바야흐로 예술가들을 대혼란에 빠뜨렸죠. 예술에서 다양한 시도가 있었음에도 여전히 살아 움직일 듯 사실적으로 그린 그림이 높은 평가를 받았는데 사진이 등장하며 누가 더 실물과 똑같이 그리나 하는 대결은 허무해지고 맙니다. 제아무리 살아 움직일 듯한 그림이라 한들 사진을 이길 수는 없었을 테니까요. AI의 등장 앞에서 21세기의 우리가 느끼는 위기감과 얼마간 통하는 데가 있는 듯한데요. 어느 쪽이 더 위협적일지 무게를 재기는 어렵겠지만,

컴퓨터와 로봇에 내 일자리를 빼앗길지도 모른다는 불안감을 조금씩은 다 가지고 있는 현대인이라면 누구나 공감할 만한 상황입니다. 조만간 로봇이 음식도 만들고 번역도 하고 운전도 할 거라고 우리가 불안해하 듯, 사진이 등장했으니 우리 그림쟁이들은 더 이상 할 일이 없겠다는 생 각을 한 것도 충분히 이해가 됩니다.

하지만 인간이란 그리 나약한 존재가 아니죠. 20세기를 맞이하 며 화가들은 새로운 예술을 외칩니다. 모두가 기계를 찬양할 때 아르누 보 예술가들은 다시 자연을 돌아봅니다. 사람의 힘으로는 꿈도 꿀 수 없 었던 속도로, 상상해 보지도 못한 양의 물건들을 찍어내는 기계의 전능 한 능력도 신비한 자연의 경이로움을 흉내 낼 순 없었죠. 아르누보를 외 치는 화가들은 자연에 주목합니다. 그리고 그것은 곡선과 여성, 꽃으로 자주 표현됩니다. 무하는 여기에 하나를 더하죠. 한창 포스터를 그릴 때 처럼, 상류층이 아니라 가난한 일반 시민들과 함께 예술을 즐기고 느끼 고 싶은 마음을요.

무하의 아르누보 대표작으로 자주 언급되는 것이 바로 〈황도십 이궁Zodiac(1896)〉과 〈사계Les Saisons(1896)〉입니다. 〈황도십이궁〉에서는 옆을 바라보고 있는 여인 뒤로 원을 따라서 열두 개의 별자리가 표시되 어 있습니다. 왼쪽 아래에 있는 동그라미에는 해바라기와 태양이, 오른 쪽 아래 동그라미에는 양귀비와 달이 그려져 있는데요. 태양이 뜨고 지 고, 달이 뜨고 지고를 반복하는 날들이 모여 한 달이 되고, 일 년이 되어

Zodiac 황도십이궁, 무하, 1896

화려하고 아름다운 무하의 디자인이 그대로 드러나 있습니다. 이 또한 사라 베르나르를 모델로 그렸습니다.

한 사람의 인생을 완성하죠. 〈황도십이궁〉은 무슨 용도로 쓰인 작품인지 눈치채셨나요? 네, 달력이었습니다. 아래쪽 가운데, 즉 태양과 달 사이의 네모 칸에는 원래 1월부터 12월까지를 표시한 달력이 그려져 있었어요. 그나저나 그림 속 인물이 어딘가 익숙한 느낌인데요. 〈황도십이궁〉 속 모델도 사라 베르나르였습니다.

〈사계〉는 저도 개인적으로 무척 좋아하는 작품인데요. 봄, 여름, 가을, 겨울 네 편의 그림이 한 시리즈로 구성된 작품으로 각 계절의 성격이 섬세하게 표현되어 있습니다. 아르누보의 특징인 곡선과 여성, 꽃도 몹시 아름답게 표현한 시리즈입니다. 〈사계〉 시리즈는 포스터는 아니었지만 주로 가게나 집의 유리창에 붙이는 용도로 많이 사용되었다고 해요. 평범한 사람들이 미술을 더욱 즐길 수 있었으면 좋겠다던 그의 바람은 이렇게 사람들의 일상 곳곳에서 실현되었죠.
봄 편에는 하얀 꽃들이 흐드러지고 초록의 배경이 생동감을 더합니다. 초록은 성장과 재생을 뜻하죠. 모든 것이 피어나고 새로 태어나는 계절을 축복하는 듯 그림 속 여성은 황홀한 표정으로 리라라는 악기를 연주하고 있는데요. 자세히 보면 리라를 연주하는 손길이 더 있습니다. 리라 옆에 쪼르르 앉은 귀여운 새들이 바로 그들이죠. 봄에는 모든 것이 피어나고, 동물들이 기분 좋아 함께 노래를 부르는 계절, 그게 바로 무하가 바라본 봄이었습니다.

여름 편에서는 먼저 하늘 저 높이에서 강렬하게 이글거리는 태양이 눈에 들어오는데요. 나른해 보이는 여성의 흘러내린 소매에서도, 발밑에 드리운 저녁놀의 붉은빛에서도 더운 공기가 후끈하게 느껴지는 것만 같죠. 여성의 머리를 장식한 꽃도 다른 계절과 다르게 강렬한 붉은색입니다.

가을에는 조금 재미있는 점이 있습니다. 다른 계절에 등장하는 여성들은 모두 하얀 피부에 몸의 선도 부드러운데, 가을의 여인은 근육질에 다부진 어깨가 눈에 띄죠. 풍요를 상징하는 과일인 포도를 따고 있는 모습인데요. 곡식과 과일을 거두는 수확의 계절인 가을의 분주함을, 지금처럼 기계화한 농업이 아니라 사람이 손으로 따고 옮기던 시절의 노동을 이렇게 표현했어요.

겨울 그림에서는 무하의 선한 본성이 드러납니다. 추위에 몸을 꽁꽁 싸맨 여인이 손에 든 귀여운 새, 왠지 낯이 익죠. 바로 봄 편에서 함께 리라를 연주하던 세 마리의 귀여운 새들이 돌아왔네요. 여름과 가을을 나며 포동포동 살이 오른 귀여운 새들이 추울까 봐 손에 올려 호호, 하면서 따듯한 입김을 불어주고 있죠. 무하는 주변의 어려운 화가들도 물심양면으로 도왔다는 미담도 꾸준히 등장하는 화가인데요. 처지가 딱한 사람들을 그냥 지나치지 못했던 거죠. 그의 고운 심성이 가장 잘 드러난 편이 바로 이 겨울이라는 이야기를 사람들이 하곤 한답니다.

Les Saisons 사계, 무하, 1896

사계절을 여인의 모습으로 그린 무하의 사계입니다. 성장과 재생의 초록색 봄, 뜨거운 공기가 느껴지는 여름, 수확과 풍요의 가을, 그리고 귀여운 새에게 따뜻한 입김을 불어 넣는 겨울까지. 계절의 분위기를 아름다운 선과 색으로 표현했어요.

알폰스 무하

벌써 눈치채신 분들도 있을 듯한데요. 무하의 그림들, 왠지 그리 낯설게 느껴지지 않습니다. 가장 많은 분들이 떠올리는 건 아마 타로카드일 겁니다. 하지만 수많은 애니메이션도 무하의 아르누보 시절 그림에서 많은 영향을 받았답니다. 〈세일러 문〉이나 〈카드캡터 체리〉 같은 애니메이션이 대표적이죠. 현대의 작가들도 끊임없이 영감의 원천으로 삼는 화가가 바로 알폰스 무하입니다. 알면 알수록 놀라운 사람 아닌가요? 순수예술을 하던 사람 중 일부는 머리카락 등을 표현하는 꼬불꼬불한 곡선들을 보면서 무하의 마카로니, 무하의 스파게티 같은 치욕적인 별명을 붙여가며 그의 작품을 폄하하거나 비아냥거리기도 했다고 합니다. 자본이 원하는 상업적인 그림만 그리던 그림쟁이가 지나치게 성공해서 부를 거머쥐다 보니 순수예술을 하던 사람 가운데 일부는 무하에게 아니꼬운 시선을 노골적으로 보내기도 했죠. 전문가들이 말하는 작품성과 대중들이 반응하는 흥행성을 동시에 잡기란, 예나 지금이나 만만치 않은 일인가 봅니다.

프라하의
별이 되다

쉰 살은 지천명, 하늘의 뜻을 알게 되는 나이라고 하죠. 남 부러울 것 없을 만큼 부와 명예를 거머쥔 무하 같은 사람이라면 쌓아둔 명성과 재력으로 남은 여생 여유롭게 즐기는 마음으로 살아도 아쉬울 것 하나 없을 것만 같은데, 무하는 정말로 하늘의 뜻을 알았던 걸까요. 지금까지와는 또 다른 과감한 움직임을 보입니다. 성실하고, 인성이 바르며, 예술에 대한 감각이 뛰어나다는 평가로는 미처 다 담을 수 없는 그의 남다른 행보는 이제부터가 진짜 시작이었습니다.

　　어느덧 고국에서 보낸 시간과 타지에서 보낸 시간도 얼추 비슷해질 무렵이었습니다. 파리에서 예술가의 영광을 만끽하며 오십 대를 맞은 무하는 고국으로 돌아가야 할 때가 왔음을 직감합니다. 상업예술과 대중을 즐겁게 하는 예술의 가치를 남들보다 더 빛낼 줄 알았던 화가였지만 무하에게도 가슴 한구석에 순수예술에 대한 열망이 있었습니다. 1900년에 사라 베르나르와의 계약이 끝나면서 순수예술에 대한 열망은 실현을 향해 한발 더 나아갔죠. 고향에 대한 그리움도 커졌고, 상업적인 성공 끝에 자신의 정체성에 대해서도 다시금 생각해 보게 되었습니다. 오십 대가 된 후로 지금껏 올바르게 살아왔는지, 후회는 없는지, 신이 주신 재능을 제대로 썼는지 등등의 생각이 조금씩 들기 시작하더니 끝내 머릿속을 가득 채우기에 이르자 불현듯 남은 삶에서 해야 할 일이 무엇인지 깨달은 겁니다. 다음날을 그리는 것이 청춘의 피치못할 숙명이라면, 지난날을 돌아보는 것이 노년의 하릴없는 관성인 걸까요. 되풀이되어 비롯한 결과는 퍽 거룩할 정도였죠. 그 생각의 끝은 민족성이었어요. 평생을 상업예술에 매진한 무하는 자신에게 남은 임무가 순수예술, 그중에서도 민족을 위한 예술임을 확신하고서 슬라브 민족의 기나긴 역사를 그림으로 기억하겠노라 다짐합니다.

　　무하의 고국인 체코는 체코 민족과 슬라브 민족으로 이루어진 국가인데요. 현재 체코, 슬로바키아, 러시아, 우크라이나, 보스니아 등 유럽 동부와 중부, 발칸반도에 거주하고 있는 슬라브 민족은 긴긴 세월 타민족에게 점령당하고 공격받는 역사를 거듭했죠. 18~19세기에 일어난 민족 해방 운동 그리고 패권이 여기서 저기로 옮겨 다니던 제1차 세계대전을 거치며 해방하거나 독립하여 몇몇 새로운 국가를 세우기도 하지만, 직전까지만 해도 무하의 고국인 체코는 약 300년 동안 오스트리아 합스부르크 왕가의 지배를 받던 처지였습니다. 무하가 태어났을 때가 오스트리아의 지배가 거의 막바지에 이르렀을 때였는데요. 제1차 세계대전이 끝난 뒤 1918년 10월 28일에 체코 민족과 슬라브 민족은 함께 체코슬로바키아공화국을 수립하지만 제2차 세계대전 이후 분리와 결합을 반복한 끝에 1993년 1월에 마침내 체코공화국과 슬로바키아공화국으로 결별했습니다. 파란만장한 역사였죠.

고국으로 돌아가겠다고 다짐하고 난 뒤 파리의 생활을 정리하는 방법도 남달랐습니다. 자신이 그동안 프랑스에서 받은 사랑에 보답하기라도 하겠다는 듯이 파리를 떠나기 몇 년 전부터 자신의 디자인 작업을 모으고 모아 『알폰스 무하의 장식자료집Documents Decoratifs』이라는 제목으로 한 권의 책을 펴냈습니다. 무릇 남들과 다른 것을 보여줌으로써 존재의 가치를 드높이는 예술가라면 자신만의 비법이나 독창성, 차별성은 꽁꽁 숨겨두는 게 당연하고 어느 누구도 대체할 수 없는 자신만의 특성을 지키는 게 마땅할 텐데, 무하는 누구라도 자신을 대신할 수 있도록, 자신이 떠난 뒤에도 파리의 시민들이 환호했던 그림을 후배들이 이어가기를 바라는 마음으로 대공개한 겁니다. 이때부터 무하의 스타일은 본격적으로 전 세계에 퍼집니다. 책 한 권이면 무하의 그림을 배울 수 있었단 말이죠. 무하는 베풂의 미학을 아는 예술가였습니다.

마침내 체코에 돌아온 무하는 고국의 사람들에게 이렇게 말합니다. "나는 외국에서 돈을 벌고 싶었고, 민족이 필요로 하는 것을 아무런 대가 없이 선사하고 싶었다. 이런 내 생각에 사람들이 코웃음 칠 수도 있다는 것을 알고 있지만, 내 뜻은 원래 그렇고 이것으로 그만이다." 그리고 무하는 체코에서 민족과 조국에 모든 걸 바친 사람처럼 일의 규모를 가리지 않고 뛰어들었습니다. 누군가는 프라하 도시 자체를 무하의 거대한 전시관이라고 말하기도 할 정도입니다. 체코 시청에 그려진 벽화나 성 비투스 대성당의 스테인드글라스 등은 100년 된 작품이라고는 믿어지지 않을 만큼 화려하고 세련된 모습이라서 얼핏 최근에 만들어진 작품인 줄 알고 대수롭지 않게 지나가는 사람도 종종 있다고 할 정도입니다.

　　그리고 마침내 무하는 슬라브 민족의 역사를 기록한 연작 〈슬라브 서사시The Slav Epic Cycle〉를 그리는 일에 착수합니다. 민족을 위한 예술로서 민족의 역사를 기록하는 일을 택한 겁니다. 이 작업을 위해 무하는 슬라브 민족의 역사를 깊이 공부했을뿐더러 실제로 슬라브 민족의 발자취를 따라 과거에 그들이 살았다고 하는 모든 지역을 직접 다녀왔는데요. 가장 기대에 차 방문한 곳이 러시아였습니다. 〈슬라브 서사시〉 중 〈러시아 농노해방The Abolition of Serfdom in Russia: 자유 속에서 일하는 것이 나라의 근간이다(1914)〉의 배경이었던 러시아 농노해방은 오스트리아 발칸반도에 살던 슬라브 민족주의자들을 크게 술렁이게 합니다. 같은 슬라브 민족 국가인 러시아가 독립을 지원해 주리라는 기대감을 준 사건이기도 했죠. 무하 개인적으로도 설레는 일들이 기다리고 있었습니다. 과거에 미술 아카데미에서 만난 러시아 화가 레오니드 파스테르나크 Leonid Pasternak에게 초대를 받기도 했고, 에르미타시미술관에 대한 기대감도 적지 않았죠.

The Celebration of Svantovit on Rügen 뤼겐 섬의 스반토빗 축제, 무하, 1912

The Abolition of Serfdom in Russia 러시아 농노해방, 무하, 1914

슬라브 민족의 역사를 기록한 〈슬라브 서사시〉로 무하는 자신의 고향인 체코뿐 아니라 러시아, 폴란드, 헝가리 등 슬라브 민족의 역사를 장엄한 그림으로 묘사했습니다.

하지만 러시아에 들어선 무하는 눈앞에 펼쳐지는 비극에 할 말을 잃고 말았습니다. 당시 러시아는 사회주의혁명인 1917년의 시월혁명 이후로 내전이 5년 동안이나 이어지고 있었습니다. 무하가 기대했던 동슬라브인의 아름답고 행복한 러시아는 온데간데없고, 아이는 굶어 죽고 어머니는 죽은 아이를 품에 안고 울고 있는 풍경이 펼쳐졌습니다.

〈러시아 복구Russia Restituenda(1922)〉나 〈황야의 여인Woman in the Wilderness(1923)〉은 러시아에서 끔찍한 비극을 보고 돌아와 그린 그림이었습니다. 〈러시아 복구〉는 무하 자신의 전문성을 살린 포스터로 이 작품을 통해 사람들에게 공감을 호소했는데요. 1917년부터 1922까지 이어진 러시아 내전의 피해자들을 돕기 위해 자비를 들여 제작해 무료로 배포한 포스터로 역경에 처한 러시아를 모른 척하지 말고 도와주자는 메시지를 담았다고 하죠. 그림 속에 죽은 아이를 안고 있는 어머니는 추모의 뜻을 나타내는 검은 옷차림이고, 그림 위쪽 좌우에 그린 평화의 상징 비둘기는 가슴에 화살을 맞은 모습이지만 아래쪽 좌우엔 하트를 그렸습니다. 따듯한 마음으로 그들을 돕자고 말하듯이요.

〈황야의 여인〉 또한 러시아 민중들을 위해 그린 작품입니다. 더이상 걸을 힘이 없다는 듯 사막에 주저앉은 야윈 모습의 여인과 사냥감을 기다리는 듯 언덕 뒤로 모습을 숨기고 있는 늑대들의 흐릿하고 어두운 실루엣, 언뜻 모든 걸 내려놓고 자포자기한 사람과 그를 노리는 맹수

Russia Restituenda 러시아 복구, 무하, 1922

러시아 내전의 피해자를 돕기 위해 무하가 자비를 들여 제작하고 무료로 배포한 포스터입니다. 죽은 아이를 안고 있는 어머니의 모습이 전쟁의 참상을 알려줍니다.

의 살벌한 대치 같아 보이는데요. 조금 더 깊이 알아보면 이 그림은 희망을 이야기하고 있음을, 고통받는 러시아 민중들에게 희망을 주려고 함을 알 수 있습니다. 〈황야의 여인〉의 습작은 완성작과 조금 다릅니다. 습작에는 주저앉은 여성 주변에 놓인 짐이 없었고, 저 멀리서 비치는 후광도 없었습니다. 두 가지 모두 완성작을 그리면서 더한 요소들이었죠. 비록 지금은 너무나 힘들고 고통스러우며 호시탐탐 위기를 노리는 존재도 있을지언정, 떠나온 곳이 있고 돌아갈 곳이 있음을 여인의 주변에 놓인 짐으로, 흐릿하게나마 희망이 존재하고 있음을 저 멀리 후광으로 표현하여 러시아 민중들에게 희망을 전하고자 했던 것입니다. 파리에서 그린 화사한 포스터들에 가려 돋보일 기회가 흔치 않지만, 〈황야의 여인〉은 무하의 대표작 중 하나로 꼽히는 중요한 작품이랍니다.

치열하게 공부하고 직접 발로 뛰어 축적한 자료를 바탕으로 무하는 마침내 〈슬라브 서사시〉를 완성합니다. 〈슬라브 서사시〉는 스무 점의 그림으로 이루어진 연작으로, 무하가 50대 중반에 시작해 70대 중반이 될 때까지 장장 20년에 걸쳐 완성한 대작입니다. 단순히 1년에 하나씩 그렸다고 생각하면 그다지 많은 분량이 아닌 듯 보이기도 하는데요. 하지만 스무 점의 작품 가운데 가로 길이가 가장 짧은 것이 4.8미터라는 사실을 들으면 생각이 달라지죠. 스무 점을 나란히 이으면 무려 120미터에 이르는 이 어마어마한 작품입니다. 1920년에 먼저 완성된 작품들만으로 미국에서 전시회를 열었는데 무려 60만 명이 방문했다고 하죠. 미

Woman in the Wilderness 황야의 여인, 무하, 1923

〈황야의 여인〉 또한 러시아 민중을 위해 그린 작품입니다. 지금은 이 여인처럼 고통받고 있지만 저 멀리 비치는 후광이 러시아 사람들에게 닿기를 바라는 마음을 담았어요.

국의 평론가들 또한 무하가 그린 대작에 극찬을 아끼지 않았고요.

그리고 1928년, 마침내 완성한 〈슬라브 서사시〉를 사람들에게 처음으로 선보이는 순간, 자신의 민족의 역사를 일련의 그림에 담은 것을 본 슬라브 민족 상당수는 그 자리에서 눈물을 쏟았습니다. 억압과 지배에 위축되었던 사람들이 웅장하게 표현한 민족의 역사를 보며 저마다의 속에 잠들어 있던 자긍심을 깨운 겁니다. 나는 이토록 역사가 깊은 민족이었다, 앞으로도 긍지를 가지고 살아야겠다, 하고 의식한 겁니다. 민족성을 깨닫게 해준 알폰스 무하를 사람들은 그때부터 슬라브 민족의 영웅이라 불렀습니다.

슬프게도 작품의 막강한 힘은 어느 쪽으로나 동일하게 작용해서 민족성을 억누르고자 하는 이들에게는 당장 뽑아버려야 할 눈엣가시 같은 존재가 되고 맙니다. 제2차 세계대전이 본격화하고 체코는 다시 한번 국경을 맞대고 있는 나치 독일에게 침략을 당하고 말죠. 히틀러가 나치의 당수가 되었던 1933년 같은 해에 그린, 가슴에 체코의 상징을 단 여인이 타들어 가는 촛불을 바라보고 있는 그림 〈여인과 타는 촛불 Woman with a Burning Candle(1933)〉에서 무하가 벽에 걸린 체코의 지도 위로 까맣게 흩어지는 촛불 연기를 표현하며 내다본 미래가 현실이 된 겁니다. 이 과정에서 나치는 다른 나라에서와 마찬가지로 예술품을 약탈했습니다. 하지만 체코에서는 예술품에서 끝나지 않습니다. 나치는 민족의 영웅이라 불리는 화가 알폰스 무하를 가만히 내버려 둘 수 없었습니다. 민족성

Woman with a Burning Candle 여인과 타는 촛불, 무하, 1933

벽에 걸린 체코의 지도 위로 촛불 연기가 까맣게 흩어집니다. 나치가 침략해 체코의 예술품을 약탈하고 민족성을 짓밟고 희망을 조각 낸 현실을 예견한 것일까요.

을 짓밟고, 희망을 산산이 조각 내야 했으니 말입니다.

불행 중 다행이라고 해야 할까요. 〈슬라브 서사시〉는 무하의 자녀들이 미리 숨겨둔 덕에 빼앗기지 않았습니다. 하지만 79세의 무하는 결국 비밀경찰에게 납치됩니다. 나치에게 갖은 고문을 당한 끝에 목숨이 붙어 있는 채로 풀려나긴 했지만, 노인이 견디고 회복할 만한 고초는 아니었습니다. 그리고는 얼마 지나지 않아 앓고 있던 폐렴이 급격하게 악화하여 풀려나고 며칠 만에 숨을 거두고 맙니다.

악랄한 나치는 무하가 사망했다는 소식을 듣고 곧바로 장례는 철저히 비공개로 할 것을 명령했습니다. 가족을 제외하고 장례식에 참석하는 사람은 모조리 체포해서 고문하겠다고 엄포를 놓았습니다. 슬라브 민족에게 무하가 어떤 존재인지 나치도 잘 알았던 바, 폭동이든 반항이든 화근거리는 단 하나도 용납하지 않겠다고 단단히 준비를 한 거죠. 그러나 슬라브 민족은 실로 위대했습니다. 무하의 장례식 당일, 가족들끼리 쓸쓸하게 장례를 치르는데 하나둘 사람들이 모이기 시작하더니 나중에는 무려 10만 명의 슬라브 민족이 그 자리에 나타난 겁니다. 무하에게 벌어진 마지막 기적이었다고 해야 할까요. 10만 명의 조문객은 무하의 마지막 가는 길에 인사를 보내며, 당신은 이제 프라하의 별이 되었다고 말했습니다. 그리고 이렇게 덧붙였습니다.

"영원한 평화 속에서 편히 쉬시오! 체코는 훌륭한 아들을 결코 잊지 않았으며 앞으로도 절대 잊지 않을 것이니."

벨 에포크?
아름다운 시기?

La Belle Époque, Le Bar de Maxim's
벨 에포크 막심의 바에서, 피에르빅토르 갈랑, 1890년경

Vue Panoramique de L'exposition Universelle de 1900
1900년 세계 만국박람회 파노라마, 뤼시앙 베이락, 1900

'벨 에포크Belle Époque'는 프랑스어로 '아름다운 시절', '평화로운 시절'을 뜻합니다. 시작 시기에 대해서는 의견이 분분하지만 보통 19세기 말부터 20세기 초, 더 정확하게는 제1차 세계대전이 일어나기 직전인 1914년까지를 가리킵니다.

이 시기 유럽은 평화의 시기였습니다. 엄청난 양의 혁신적인 기술들이 쏟아져 나왔죠. 라이트 형제가 최초로 비행기를 만들었고, 전화, 무선통신, 영화, 철도, 그리고 대량 생산까지 현재 우리 생활에 큰 영향을 미치는 것들의 초기 모습이 이 시기에 등장합니다. "이 시기에 컴퓨터 빼고 다 나왔다"라는 농담까지 있을 정도죠.

당연히 생활은 급속도로 편리해졌습니다. 사람들은 과학과 기술의 발전이 인간의 모든 문제를 해결하고 행복을 가져다줄 것이라는 희망에 부풀어 있었습니다. 사실 그럴 만했죠. 하지만 이 아름다운 시절은 조금씩 균열이 가고 결국 제1차 세계대전으로 막을 내리게 됩니다. 최고의 기술로 만들어진, 마치 벨 에포크를 대표하는 듯한 타이타닉호가 빙산에 충돌해 탑승 인원의 3분의 2가 넘는 사람이 사망하는 충격적인 사건이 일어나면서 벨 에포크의 분위기가 점차 무너지기 시작했습니다. 제1차 세계 대전이 일어나고 뒤따르듯 세계대공황과 제2차 세계대전, 냉전 등으로 유럽은 혼란에 빠지죠.

사실 벨 에포크라는 단어에는 성찰의 의미가 담겨 있습니다. 인류가 전쟁이라는 최악의 범죄를 저지른 뒤 그 이전의 세상이 얼마나 좋았는지를 새삼 깨닫게 된 겁니다. 그래서 벨 에포크라는, 조금은 과장된 말이 탄생한 겁니다. 적어도 예술에 한해서는 아름다운 시기라는 말이 과장은 아니었습니다. 바로 이 시기에 유럽의 문화예술이 최정점을 찍었기 때문이죠. 사람들은 풍요로운 일상을 누리며 미에 대한 추구도 절정에 달한 상태였습니다.

우리가 알고 있는 위대한 예술가들이 이때 대거 등장하게 되는데요. 많은 예술가들이 성공의 꿈을 안고 프랑스 파리로 모였습니다. 화려한 분위기 아래 그들은 자신만의 개성 있는 예술을 자유롭게 만들어갔습니다. 이 책의 주인공인 무하, 로트레크, 모네, 모딜리아니도 이 시기 파리에서 활동했죠. 오스트리아에는 클림트가 있었고요.

마흔을 넘기면, 혹은 쉰을 넘기면
그 사람이 살아온 삶이 얼굴에 드러난다는 말,
들어보셨을 거예요.
나무의 나이테에서 어느 해 여름에
비와 햇빛이 유난히 풍요로웠는지,
어느 해 겨울이 특히 혹독했는지가 드러나듯
사람의 얼굴에도 나이테가 쌓이죠.

쌓인 세월이 표정이 되고, 표정이 곧 얼굴이 되죠.
누가 봐도 잘 생겼다고 할 외모는 아니었지만 푸근하고 따뜻한 인상으로
변해가는 사람이 있는가 하면, 온 동네를 주름잡았던 수려한 외모가 고난에
찌들어 초췌한 몰골로 변해 보는 이마저 안타깝게 하는 사람도 있는데요.
사십 년이 채 안 되는 짧은 삶을 살다 떠난 화가, 아메데오 모딜리아니가
바로 그런 사람이었습니다.
뭇 여성들의 마음을 빼앗았던 그의 눈부신 외모가 병과 근심으로 황폐해
질 때까지 어떤 시련이 그를 거쳐간 것이었을까요.
프랑스 미술 역사상 가장 잘생긴 화가이자 가장 슬픈 사랑 이야기의 주인
공, 지금부터 비운의 화가 모딜리아니의 삶을 따라가 보겠습니다.

Amedeo Modigliani

1884-1920

영감의 시작,
우피치미술관

산업화가 한창이던 19세기 말, 어느 나라 할 것 없이 급격한 경제 부흥기를 맞이합니다. 노동력이 모여드는 대도시나 공업 도시, 교역이 활발하게 일어나는 항구 도시는 발전 속도가 더욱 월등했죠. 이탈리아 중부 서쪽 해안가에 접한 토스카나의 항구 도시 리보르노Livorno도 그중 하나였는데요. 바로 모딜리아니가 태어난 도시죠. 모딜리아니의 아버지는 리보르노에서 아주 잘나가던 사업가였습니다.

　가죽과 석탄 사업으로 위세깨나 떨치던 시절이 있었죠. 하지만 경기 침체가 찾아왔고, 4남매의 막내였던 모딜리아니가 태어날 무렵에는 가세가 급격하게 기울어 파산 상태에 이르고 맙니다. 막내아들이 세상에 나오는 기쁜 날에도 채권자들이 재산을 압류하기 위해 집을 찾아올 지경이었죠.

　독특하게도 당시 이탈리아에는 출산한 여성의 침대에 놓아둔 것들은 무엇이든 가져갈 수 없다는 법률이 있었는데요. 모딜리아니의 아버지는 귀중한 물건들 일부를 모딜리아니가 태어나던 침대 위에 올려둠으로써 한 푼도 없이 쫓겨나는 일은 면했습니다.

산모도, 아이도 안정을 취하기는커녕 불안감만 가득했을 출산이었죠. 그런데 이 정신 없는 와중에 태어난 아기가 얼마나 똘망똘망 예뻤던지 모딜리아니의 어머니는 마치 아기에게서 후광이 비치는 듯했다고 아들이 태어나던 날을 회상했습니다. 제 자식 안 예쁜 부모가 어디 있겠느냐마는 모딜리아니의 외모는 누가 보기에도 남달랐죠. 모딜리아니의 사진을 보면 누구나 감탄을 내뱉을 정도로요.

모딜리아니의 어머니 이야기를 하지 않을 수 없는데요. 모딜리아니의 어머니 에우제니아Eugénie Garsin는 유명한 철학자인 스피노자Baruch de Spinoza의 후손이었습니다. 결혼을 하기 전 친정 집안의 가풍이었는지 어머니는 아이들을 키우면서 언제나 교양과 문학, 매너를 중요하게 여겼고, 모딜리아니는 어머니의 영향으로 어릴 적부터 시와 문학을 즐기는 교양을 갖춘 아이로 자랐습니다. 열 살짜리 어린이가 단테의 신곡을 달달 외우고 다닐 정도였죠. 그림쟁이로 키울 수는 없다는 아버지와 달리, 어머니는 화가가 되고자 했던 모딜리아니의 꿈을 아들이 어릴 때부터 응원하고 지지했습니다.

안타깝게도 병약하게 태어난 몸은 모딜리아니를 평생 동안 따라다니며 괴롭힙니다. 열한 살에는 흉막염에 걸렸고, 열여섯 살에는 결핵을 앓았죠. 태어나서 처음으로 죽을 고비를 넘긴 것은 열네 살 때였어요. 장티푸스에 걸려 열이 펄펄 끓는 채로 쓰러졌는데 헛것을 보고 헛소리를 할 만큼 병을 심하게 앓았습니다. 급박하게 생사의 고비를 넘나드는 와

중에 모딜리아니는 잠꼬대처럼 우피치미술관Gallerie Degli Uffizi과 피티궁 전Palazzo Pitti에서 르네상스 시대를 살았던 거장들의 작품을 보고 싶었는데 보지 못해 너무 슬프다고 눈물을 뚝뚝 흘리면서 이야기했다고 해요. 모딜리아니가 가본 리보르노의 작은 미술관에 전시된 것들 가운데 거장들의 작품은 드물었거든요. 아들이 아파서 끙끙대는 와중에 한 이 말을 옆에서 지극정성으로 간호하던 어머니가 듣고서는 약속합니다. 네가 건강을 회복해 병을 이겨내고 일어나면 바라는 그림 공부도 실컷 하게 해주고, 미술관에도 반드시 데려가 주겠으니 낫기만 하라고요. 놀랍게도 그때부터 병이 조금씩 호전되더니 모딜리아니는 마침내 말끔히 나아져 자리를 털고 일어납니다.

　모딜리아니가 정신이 혼미한 와중에도 떠올린 피렌체 우피치미술관은 르네상스 시대 회화 컬렉션으로는 이탈리아를 넘어 세계에서 으뜸가는 미술관입니다. 한때 피렌체를 지배했던 메디치가 사람들이 15세기부터 200여 년간 수집한 작품을 모두 모은 곳이 바로 이곳이며, 나중에 이탈리아를 넘어 유럽 전역으로 확산한 르네상스 운동이 시작된 곳이 피렌체이기 때문이죠.

　우피치미술관은 미술관 같지 않은 외관이 인상적인데요. 우피치 Uffizi는 영어로 오피스Office, 즉 사무실이라는 뜻으로 이 건물은 원래 메디치가의 사무실로 쓰이던 장소였죠.

모딜리아니의 어머니는 약속대로 아들이 몸을 회복하자마자 리보르노에서 우피치미술관으로 향했습니다. 그뿐 아니라 피렌체 피티궁전부터 베네치아, 로마, 이탈리아 남부 지역까지 데리고 다니며 아들에게 다양한 풍경과 그곳에 남겨진 예술품들을 접하게 해줍니다. 그리고 이 여행에서 모딜리아니는 자신의 영혼을 뒤흔드는 그림을 만납니다. 여러 번 거듭해서 방문할 만큼 특별히 좋아했던 우피치미술관의 여러 작품 가운데에서도 모딜리아니가 완전히 매료된 그림이 하나 있었는데, 바로 산드로 보티첼리Sandro Botticelli의 대표작 〈비너스의 탄생Nascita di Venere(1484~1486)〉이었습니다.

피렌체 우피치미술관. 르네상스 시대 회화 컬렉션으로는 세계에서 으뜸가는 미술관입니다.

Nascita di Venere 비너스의 탄생, 산드로 보티첼리, 1484~1486

미의 여신 비너스의 탄생 장면을 그린 그림으로 세심한 묘사와 부드러운 색감이 무척 아름답죠.

르네상스는 중세의 문화를 거부하며 고대 그리스와 로마 문화를 다시 일으키고자 했던 운동이었습니다. 고대의 신화 등을 재구성한 작품이 쏟아졌죠. 〈비너스의 탄생〉 또한 크로노스가 아버지이자 천공의 신 우라노스의 남근을 잘라 바다에 던지자 그 자리에서 거품이 일더니 비너스가 탄생했다는 신화의 한 장면을 그린 것입니다. 그림 왼쪽에서 바람을 일으키며 비너스를 육지로 밀어주는 이는 서풍의 신 제피로스이고요. 오른쪽으로는 꽃으로 장식한 옷으로 비너스를 덮어주려 다가오는 봄의 여신의 모습이 보이죠. 모딜리아니는 이 그림에, 특히 그림 속 비너스 여신의 모습에 완전히 빠져듭니다. 시간이 많이 흘러 본인만의 그림 스타일을 찾은 뒤에 여성을 묘사한 그림을 보면 어릴 적 자신에게 강렬한 충격을 주었던 비너스의 이미지를 차용하는 모습을 확인할 수 있죠.

　　1898년, 모딜리아니는 리보르노에서 처음으로 본격적인 미술 교육을 받았습니다. 모딜리아니의 어머니는 아들을 국립미술학교에 보내는 대신 리보르노의 최고 화가라 불리던 굴리엘모 미켈리Guglielmo Micheli에게 미술 수업을 들을 수 있는 사립미술학교에 보냈죠. 도중에 결핵이 심해지는 바람에 1900년에는 학교를 그만두고 쉴 수밖에 없었지만, 짧게나마 사립미술학교에 들어간 덕분에 조금 더 자유롭고 개방적인 환경에서 미술 공부를 하게 됩니다. 사립미술학교에서는 국립미술학교와는 달리 여성에게도 평등하게 교육의 기회를 제공했고, 몇백 년간 이어진 틀에 박힌 수업이 아니라 다방면으로 실험적인 시도를 했습니다.

피렌체로 건너간 뒤에는 화가 조반니 파토리Giovanni Fattori의 아틀리에에서 미술을 배웠고, 1903년에는 베네치아에 머물며 베첼리오 티치아노 Vecellio Tiziano, 조반니 벨리니Giovanni Bellini 등 베네치아 출신 화가들의 작품에 흠뻑 빠지기도 했죠. 모딜리아니는 청소년기 내내 미술을 공부하며 그림도 그림이지만 미술사 공부에 특히 심취했고, 조각에도 깊이 관심을 가져 조각가의 꿈을 꾸기도 했습니다. 조각가가 되진 않았지만 훗날 조각을 보고 그린 듯한 모딜리아니만의 독특한 작품 스타일은 이때부터 그 윤곽을 조금씩 갖추었다고 봐도 되겠죠.

1906년, 스물둘의 이탈리아 청년은 더 깊고 넓은 미술 세계를 경험하고자 고국을 떠나 당시 예술가들이 모두 모여들던, 혁신적인 것들이 넘쳐나던 아방가르드 미술의 중심지, 파리로 떠납니다. 동네에서 모르는 사람이 없었던 이 잘생긴 청년이 베네치아를 영영 떠나던 그날, 온 동네 여인들이 그 뒷모습을 바라보며 눈물을 훔쳤다고 하죠. 그 길로 모딜리아니가 다시는 고국으로 돌아오지 못하리란 사실을 미리 예감하기라도 했던 걸까요.

왜 재킷을
노란색으로
칠했을까?

19, 20세기의 파리는 그야말로 예술가들의 도시였습니다. 이름만 들으면 알 만한 화가들 중 특히 파리를 거쳐가지 않은 이가 없었죠. 모딜리아니는 예술의 혼으로 가득한 이 도시에서 수많은 예술가들과 교류합니다. 모리스 위트릴로Maurice Utrillo, 파블로 피카소Pablo Picasso, 디에고 리베라Diego Rivera 등이 파리에서 인연을 맺은 이들이죠.

　　〈피카소의 초상Portrait de Pablo Picasso(1915)〉은 모딜리아니가 그린 피카소인데요. 피카소와 조금도 닮지 않다고 말하는 분들도 있고요. 이게… 잘 그린 건가? 하는 의문이 든다는 분들도 있더라고요. 바야흐로 20세기의 문이 열린 예술의 중심지 파리에서 사실적으로 그리는 실감나는 그림이란 이미 한물간 화풍이었죠. 생김새를 실제와 가깝게 묘사하는 건 더 이상 의미가 없었고요. 그리는 인물의 내면을 이끌어내 화가만의 방식으로 표현하는 것이 중요했습니다. 그림의 보조 수단으로나 활용하던 사진의 기술이 점점 발달하면서 서서히 사실적인 그림을 대신했거든요. 화가들은 설 자리를 잃을까 위협을 느꼈고 대상의 외면이 아닌 내면, 즉 감정 표현에 집중하기 시작했습니다. 변화는 급격했지만 어찌 보

Portrait de Pablo Picasso

피카소의 초상, 모딜리아니, 1915

조금 난해해 보이기도 하지만 20세기 파리에서는 보이는 그대로 사실적으로 그리기보다 인물의 내면을 이끌어내는 방식이 더 중요해졌습니다.

Portrait de Diego Rivera

디에고 리베라의 초상, 모딜리아니, 1914

거친 터치로 완성한 디에고 리베라의 초상입니다. 모딜리아니 특유의 긴 얼굴의 초상화와는 사뭇 다른 느낌이죠.

면 자연스러운 순서였죠. 다양한 해석이 따르고 난해한 그림이 쏟아지기 시작한 것도 이때부터라고 보면 얼추 맞습니다.

비록 모딜리아니가 사랑하는 사람의 초상화를 줄기차게 그린 화가이긴 했지만, 그가 초상화를 그렸다고 모두 애틋하거나 한 사이는 아니었습니다. 그저 제1차 세계대전이 일어나고 파리에서 활동하던 수많은 예술가들 또한 전쟁터로 끌려 나갈 때 모딜리아니와 피카소 둘 다 징집을 피하면서 얼굴을 마주칠 일이 많았을 뿐이었습니다. 피카소는 오히려 모딜리아니를 탐탁지 않게 생각했고요. 모딜리아니는 감정을 잔뜩 실어 피카소의 초상화를 그려줬습니다. 모딜리아니는 잘나가는 피카소를 시기하면서도 그의 성공과 재능을 부러워했거든요. 마치 그 두 감정을 나타내듯 자세히 보면 얼굴이 반으로 나뉘어 있죠. 고르게 칠하지 않은 물감은 내면의 갈등을 표현한 것입니다. 그림의 오른쪽 아래, 피카소의 왼쪽 어깨를 따라 쓴 SAVOIR라는 글자는 '알다'라는 뜻의 프랑스어인데요. 피카소의 지식과 경험을 존경하는 뜻을 담은 표시이기도 합니다.

모딜리아니는 멕시코의 거장 디에고 리베라의 초상 또한 남겨두었습니다. 디에고 리베라는 프랑스 유학 후에 멕시코로 돌아가서 당시 문맹률이 80퍼센트나 달했던 민중들에게 멕시코의 역사, 신화, 서민 생활 등을 쉽게 전달할 수 있도록 공공건축물 벽화 운동을 활발하게 펼쳤던 화가입니다. 우리에게는 화가 프리다 칼로Frida Kahlo의 남편으로 유명하죠. 프리다 칼로의 팬이라면 디에고를 싫어하는 분도 많아요. 위대한 화가지만 엄청난 여성 편력으로 지금까지도 논란이 많은 화가입니다. 그런 디에고가 파리에 유학을 왔을 때 모딜리아니를 만났고, 함께 어울려 다녔다고 합니다. 살짝 풀려 있는 눈부터 어디까지가 몸인지 알 수 없는 표현도 재미있지 않나요? 제가 본 디에고의 초상 중 그의 내면을 가장 잘 표현한 그림이 아닐까 싶습니다.

모딜리아니는 친구들 사이에서 인기가 아주 많았습니다. 자신도 넉넉하지 못한 형편이면서도 더 어려운 친구 주머니에 몰래 돈을 찔러줄 만큼 다정한 사람이었다고 합니다. 매너도 좋은 데다가 친화력도 뛰어나서 새로운 사람들과도 금방 가까워졌죠. 매너도 역시 조기교육이 중요한 걸까요. 어디서도 눈에 띄는 잘생긴 외모도 물론 첫인상에 호감을 사는 데 큰 역할을 했을 테고요. 예술가가 아닌 친구들도 여럿 사귀었습니다. 아주 가까운 사이였던 폴 알렉상드르Paul Alexandre는 피부과 의사였기에 상류층 사회에서 발이 넓었는데요. 그가 친구라고 소개하면 죄다 귀족이었죠. 그는 마음에 들지 않는 그림을 찢어버리는 모딜리아니에게 그림을 버리지 말라고 설득하기도 했습니다. 자신의 화가 친구가 그린 그림을 특히 좋아했던 폴은 모딜리아니를 어떻게든 띄워주고 싶은 마음이었지만 모딜리아니는 권력층에 대해 반항심을 가지고 있었습니다. 귀족들 앞에만 서면 유난히 뻗대는 모습을 보이는 거죠.

화가가 안정적인 수입을 창출하고 자리를 잡으려면 돈 있는 사람들의 힘을 발판으로 삼아야 하는데, 저대로 두었다간 이도 저도 안 될 것 같다는 생각이 든 폴은 모딜리아니를 어르고 달래어 자신의 귀족 친구들을 만나는 자리를 만듭니다. 〈노란 재킷을 입은 여인Femme à la Veste Jaune-L'Amazone(1909)〉 속 주인공인 남작부인 마르그리트 드 아스 드 빌레르Marguerite de Hasse de Villers도 폴이 소개한 이였습니다. 이름 길이에서부터 귀족의 느낌이 물씬 풍기는 이 부인은 당시 파리 상류사회에서 꽤 잘나가던 귀족이었어요. 요즘 표현으로 하면 셀럽이나 인플루언서 정도라고 할 수 있을까요. 이 사람 눈에 들면 고생 끝 행복 시작이라고 폴은 모딜리아니를 설득합니다. 이 사람 마음에 들면 성공은 따놓은 당상이니 이번 기회에 한번 잘 그려보라고요. 남작부인에게는 '여장부'라는 별명도 있었다고 하는데요. 자신감 넘치고 거만한 성격이 그림으로도 생생하게 전해지는 듯하죠.

초상화를 그리는 날, 초상화 속 주인공이 될 여인은 옷장 앞에서 한참 고민한 끝에 자신이 평소에 특별히 아끼던 붉은색 재킷을 골라 입고 기대에 차 모딜리아니를 만나러 갑니다. 그림 속의 굳세고 꿋꿋해 보이는 표정만 봐도 호락호락한 사람은 아닌 듯한데요. 모딜리아니가 그린 자신의 초상화 스케치 단계에서부터 그림을 몹시 마음에 들어 하며 완성작을 고대하며 기다렸다고 하죠. 모딜리아니의 친구들도 이제 쏟아지는 의뢰로 바빠질 일만 남았다며 잔뜩 신이 났고요. 하지만 마침내 완성한

Femme à la Veste Jaune–L'Amazone 노란 재킷을 입은 여인, 모딜리아니, 1909

붉은색 재킷을 노란색으로 칠해버려서 모델이자 의뢰인이었던 남작부인이 화를 내고 돌아갔다는
에피소드로 유명한 그림입니다.

초상화를 받아 든 남작부인은 불같이 화를 내며 뒤도 돌아보지 않고 자리를 떠났어요. 마지막 완성 단계에서 모딜리아니가 자신이 특별히 골라 입은 붉은 재킷을 노란색으로 칠한 것을 보고 화가 머리 끝까지 나 뭐 이런 놈이 다 있냐고 있는 욕 없는 욕을 하며 그림은 거들떠도 보지 않은 채 돌아갔죠.

모딜리아니가 재킷의 색을 마음대로 바꿔 그린 이유는 어디에서도 찾을 수 없어 지금까지도 오리무중인데요. 귀족에 대해 줄곧 가지고 있었던 반항심이라 추측할 수 있겠지만, 저는 어쩌면 아주 단순한 이유였을지도 모른다는 생각도 들어요. 초상화를 그리는 내내 남작부인과 교류하면서 그녀의 내면을 표현하기에는 노란색이 더욱 적합하다고 생각했을지도 모르잖아요. 애초에 외면을 그대로 재현하는 게 중요한 게 아니었으니까요.

결국 캔버스값과 물감값도 건지지 못하게 된, 주인이 버리고 간 초상화는 남작부인을 소개한 폴이 대신 사 갔고요. 모딜리아니는 초상화가로 성공할 첫 번째 기회를 이렇게 날려버리고 말았죠. 이름을 알릴 다른 방법을 빠른 시일 내에 찾아야만 했는데 마음은 조급해져만 가고 좀처럼 기회는 오지 않았습니다. 그때 새로운 인연이 찾아들죠. 미술품 거래상이었던 폴 기욤Paul Guillaume의 소개로 조각가 콩스탕탱 브랑쿠시 Constantin Brancusi와 친구가 되면서 모딜리아니는 어릴 적에 바라던 조각가의 꿈을 다시 떠올렸습니다. 피렌체에서 미술학교를 다니던 십 대의

Paul Guillaume 폴 기욤, 모딜리아니, 1916

미술품 거래상이었던 폴 기욤과 조각가 콩스탕탱 브랑쿠시는 모딜리아니에게 큰 도움을 준 친구들이었습니다.

모딜리아니가 그림보다 더 관심을 보인 것이 바로 조각이었죠. 브랑쿠시는 이차원을 그리는 캔버스에서 벗어나 삼차원 공간에 표현하는 조각이라는 시야를 열어준 인물이었어요. 그리고 이 운명적인 만남은 모딜리아니만의 독특한 그림체를 형성하는 데 막강한 영향력을 미치게 되죠.

조각에서 찾은
자신만의 스타일

19세기는 산업혁명이 시작된 시기이기도 하고 예술이 폭발하듯 발전한 때이기도 하지만, 강대국이 전 세계를 누비면서 곳곳에 식민지 건설에 열을 올리던 무렵이기도 했습니다. 유럽의 강대국들이 대륙을 넘나들며 땅따먹기를 하듯 여러 나라를 침략했죠. 그들에게 남은 마지막 대륙이었던 아프리카마저 영국, 프랑스, 이탈리아 등의 식민지가 되었고, 그곳에서 약탈한 각종 아프리카 미술품과 조각 등으로 아프리카의 문화 또한 유럽 대륙에 흘러 들어옵니다. 처음 접하는 아프리카의 낯선 문화에 매료된 사람들 사이에서 한때 아프리카 미술품 수집이 유행처럼 번지기도 했어요. 언제나 신선한 자극을 바라고 반짝반짝한 창조성을 추구했던 예술가들이 지금껏 경험하지 못한 아프리카 문화를 그냥 지나칠 리 없겠죠. 강렬한 영감을 받습니다. 고대 로마 그리스 시대부터 봐온 서양의 조각과는 형식이 완전히 다른, 단순하면서 독특하고 주술적이면서 순수한 야성에 모든 예술가들은 감응을 느꼈죠. 우리에게 익숙한 작품에서도 낯선 문화의 영향을 엿볼 수 있어요. 입체파 미술의 서막을 시끌벅적하게 연 것으로 유명한 피카소의 〈아비뇽의 여인들Les Demoiselles

d'Avignon(1907)〉에서도 그 흔적이 보입니다. 등을 돌린 채 주저앉은 여인
이 고개를 돌려 정면을 바라보고 있습니다. 얼굴이 길쭉하고 눈, 코, 입이
굉장히 단순화되어 있어 지금까지 서양 미술에서 나타나던 형태와는 완
전히 다릅니다. 바로 아프리카 조각에서 영감을 받은 것이죠.

모딜리아니 역시 그전까지 본 적 없었던 아프리카 미술에 깊이
빠집니다. 브랑쿠시에게 받은 영향도 적지 않았습니다. 당시 예술에서
최대한 사실적으로, 생생하게 묘사하는 데에서 멀어진 것은 그림만이 아
니었습니다. 다채로운 빛에 주목하고, 형태를 단순화하여 본질을 들여
다보고, 자연으로 회귀하고자 하는 움직임은 모든 예술 분야에서 저마다
무게와 방식을 달리하며 모습을 드러냈죠. 툭 하고 손을 대면 살아 움직
일 것만 같은 사실적인 조각도 점점 그 모습이 다채롭게 변해갔는데요.
조각을 과거에서 현재로 가져온 사람이 바로 브랑쿠시였어요. 형태를 몹
시 단순화하고 표현하고자 하는 바를 함축적으로 나타낸 것이 그전의 서
양미술에서 볼 수 있었던 조각과는 분명 아주 다른 모습이죠.

모딜리아니가 1910~1911년에 제작한 작품 〈여인의 두상Tête de
Femme〉에서는 아프리카 미술과 브랑쿠시 작품 스타일을 자기의 것으로
소화했음을 알 수 있습니다. 어쩐지 이 조각을 처음 보는데도 어딘가 낯
이 익은 듯한 느낌이 든다고 생각하실 텐데요. 그 후로 모딜리아니의 그
림에 등장하는 사람들의 얼굴 생김새와 흡사하죠. 세로로 기다란 얼굴과
아몬드 모양의 눈, 바로 우리가 모딜리아니, 하면 떠올리는 초상화 속 인

아메데오 모딜리아니

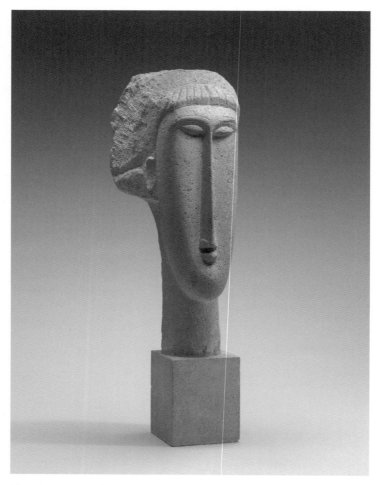

Tête de Femme 여인의 두상, 모딜리아니, 1910~1911

모딜리아니의 조각은 마치 모딜리아니 특유의 그림을 조각으로 옮긴 것 같죠. 기다란 얼굴과 아몬드 모양의 눈, 우리가 모딜리아니 하면 떠올리는 특징이 빚어지기 시작한 순간입니다.

물의 모습이 빚어지기 시작한 순간이었습니다.

　　학창 시절의 꿈을 떠올리면 여러 가지 감정이 듭니다. 머릿속에 그리던 것과 비슷한 일을 하고 있든 아니면 꿈꾸던 바와 정반대의 일을 하고 있든 내가 좋아했던 것을 마냥 좋아하기만 할 수 있었던 시절의 순수한 열정 같은 감정들이 떠올라 하릴없이 뭉클해지게 하는 것이 바로 그 시절의 꿈인 듯합니다. 어쩌면 모딜리아니에게 학창 시절에 가졌던 조각가라는 꿈이 그런 것은 아니었을까요. 안타깝게도 다시 떠올린 꿈도 오래가진 못했습니다. 우리가 모딜리아니를 조각가가 아닌 화가로 기억하는 이유겠죠.

　　모딜리아니는 조각을 할 때 독특하게도 석고나 진흙으로 먼저 틀을 뜨지 않고, 처음부터 대리석에 바로 조각하는 방식을 고수했는데요. 생계를 유지하기도 버거웠던 그에게 비싼 대리석은 엄두도 낼 수 없는 조각 재료였습니다. 대리석은커녕 캔버스를 살 돈도 없을 만큼 쪼들리는 형편이었죠. 모딜리아니가 그린 〈브랑쿠시의 초상화Portrait de Brancusi(1909)〉가 그때 모딜리아니가 처했던 상황을 단적으로 보여줍니다. 캔버스 뒷면에 그린 그림이었기 때문입니다. 벽에 걸려 있던 〈첼로 연주자 Le Violoncelliste(1909)〉라는 그림을 떼어내어 옮기면서 우연히 발견한 뒷면에 그려진 그림이 바로 이 〈브랑쿠시의 초상화〉였어요. 좀처럼 그림으로 돌파구를 마련하지 못했던 모딜리아니의 삶은 날이 갈수록 더 빠듯해

Le Violoncelliste
첼로 연주자, 모딜리아니, 1909

Portrait de Brancusi
브랑쿠시의 초상화, 모딜리아니, 1909

〈첼로 연주자〉 뒤에 그린 〈브랑쿠시의 초상화〉는 우연히 발견되었죠. 캔버스를 살 돈조차 없어 이미 그린 캔버스의 뒷면까지 활용해야 했던 모딜리아니의 처지가 안타깝습니다.

졌고, 캔버스를 살 돈조차 없어 이미 그려놓은 그림의 뒷면까지 활용해야 했던 처지에 이르렀던 거죠.

사정이 빠듯했던 모딜리아니는 묘안을 짜내어 공사장에서 사용하다 남은 대리석을 몰래 가져와 조각 재료로 사용했습니다. 이때 만들어진 모딜리아니의 조각 작품들의 크기가 서로 엇비슷한 이유도 쓸데가 없어 버려지는 자투리 대리석 크기가 다 고만고만했던 까닭입니다. 하지만 1914년에 제1차 세계대전이 발발하자 모든 공사가 중단되었고, 대리석을 구할 데가 없어졌어요. 조각을 할 재료를 더 이상 구할 수 없게 된 것이죠. 무엇보다 조각을 그만둘 수밖에 없었던 결정적인 이유가 있었는데요. 어느 날 한동안 파리에서 모습을 드러내지 않는 모딜리아니를 걱정한 친구들이 집을 찾아갔다가 몸도 제대로 가누지 못한 채 힘겹게 기침을 하고 있는 모딜리아니를 발견했습니다. 친구들은 모딜리아니를 당장 병원으로 데려갔죠. 진찰을 끝낸 의사가 모딜리아니는 폐가 나빠질 대로 나빠져 피를 토할 지경이니 지금 당장 조각을 그만두지 않으면 언제 죽어도 이상하지 않을 거라고 말했습니다. 조각을 하는 내내 대리석을 부수고, 깎고, 갈아내면서 나는 먼지를 너무 많이 마신 탓에 안 그래도 건강하지 못했던 폐가 완전히 망가져버린 것이었어요. 모딜리아니는 살기 위해 다시 꿈을 접었죠.

　　모딜리아니의 어머니는 훗날 이때 아들이 어떠한 상태에 처했는지를 듣고 가슴을 쳤다고 해요. 잘 지내고 있는지, 그림은 잘 팔리는지, 아픈 곳은 없는지 물었던 자신의 편지에 아들이 답하길 자신은 이곳 파리에서 화가로 잘 지내고 있다고, 그림을 그려 충분히 먹고살 만하니 돈을 보내실 필요도 없다고, 조만간 성공해서 어머니를 뵈러 이탈리아에 들르겠다고 자신 있게 말하며 어머니를 안심시켰거든요. 시대와 나라를 막론하고 부모님께 걱정을 끼쳐드릴까 애써 괜찮은 척 웃음을 짓는 자식의 마음은 다 똑같은가 봅니다.

　　조각가 모딜리아니로서의 삶은 그렇게 청춘의 한 조각으로 짧게 막을 내립니다. 남아 있는 조각품도 손에 꼽을 만큼 적죠. 정확한 숫자는 알기 어렵고 어림잡아 석조 스물다섯 점, 목조 한 점이 현재까지 남아 있어요. 하지만 잠시나마 캔버스를 떠나 삼차원 미술을 경험한 시간은 모딜리아니 자신만의 개성을 찾는 데 적지 않은 기여를 했습니다. 참, 남아 있는 조각들 가운데 〈두상Tête(1912)〉은 2010년에 열린 경매에서 4,318만 5천 유로, 당시 기준 한화 약 645억 원에 낙찰되어 화제를 모으기도 했답니다.

예술과 외설의
경계에서

모딜리아니는 다시 붓을 들고 캔버스 앞에 앉습니다. 수천 개의 작품 속에서도 한눈에 알아볼 수 있는 그만의 스타일이 뚜렷하게 자리를 잡아가는 시점이 바로 이때입니다. 그의 대표작들이 쏟아지기 시작하는 시기죠.

　　이쯤에서 다시 꺼내볼 그림이 있습니다. 바로 어린 모딜리아니가 우피치미술관에서 보고 빠져들었던 그림 〈비너스의 탄생〉입니다. 보티첼리가 묘사한 비너스의 모습에는 직선이 없습니다. 머리끝부터 발끝까지 완만한 곡선을 이루는 실루엣이 인상적이죠. 왼쪽 어깨는 완만하다 못해 목에서 부드럽게 흘러내리듯 목과 자연스러운 하나의 선을 이루는데요. 모딜리아니는 비너스의 목에서 어깨로 이어지는 이 선을 여성의 아름다움을 나타내는 이상적인 선이라고 생각하고 자신의 그림에서 그대로 표현했어요. 그리고 곡선과의 균형을 맞추고자 배경에는 직선으로 이루어진 요소를 주로 배치했고요.

　　무엇보다 모딜리아니의 그림에 강한 개성을 부여하는 얼굴 모양은, 그렇습니다. 방금 살펴본 모딜리아니의 조각, 아프리카 미술과 브랑쿠시에게 영향을 받은 독특한 조각과 몹시 닮았죠. 아몬드 모양의 눈과 긴 코, 긴 얼굴 모양까지 모든 것이 그 자신이 만들었던 조각과 동일한데요. 모딜리아니가 한때 조각을 만들기도 했다는 사실을 모른 채 보더라도 사람을 보고 그린 그림이라기보다 조각을 보고 그린 그림 같은 인상을 받는 이유죠. 전혀 어울릴 일 없을 듯한 15세기 유럽의 초기 르네상스 작품에서 받은 영감과 아프리카 전통미술에서 받은 영향은 모딜리아니의 영혼을 거쳐 이렇게 완벽하게 조화를 이루며 그 특징을 갖추어갑니다.

인물을 그린 모딜리아니의 작품에는 또 다른 특징이 있습니다. 모델의 신체 그 자체에만 집중한다는 점이에요. 특정 몸짓, 장식, 모델이 있는 장소가 어디인지 등 그 밖에 그림을 설명하는 다른 요소는 아무것도 없죠. 모딜리아니에게는 조금도 중요하지 않은 것들이었으니까요. 그가 궁금해했던 것은 오직 인물, 그것도 인물의 내면이었습니다. 이런 말을 남기기도 했죠. "내가 추구하는 것은 현실도 아니고 그렇다고 비현실도 아니다. 나는 무의식, 즉 인간의 본능이라는 신비를 알고 싶다." 그래서 그런지 독특하게도 비슷한 시기에 활동한 다른 화가들에 비해 풍경화에도 관심이 없는 편이었죠. 모딜리아니가 남긴 풍경화는 단 네 점이 전부입니다.

모딜리아니의 돈독한 친구 관계는 여전했습니다. 친구들은 변함없이 물심양면으로 그를 지지했죠. 마침내 그림에서 자신만의 색을 찾은 모딜리아니를 위해 1917년 12월 3일, 베르트 베이유 갤러리Galerie Berthe Weill에서 개인전을 열어준 것도 그 해에 처음 만나 연인이 된 잔과 잔의 친구들, 그리고 모딜리아니의 친구들이었어요. 친구를 위해 일생일대의 기회를 만들어준 것이나 다름없었죠. 의뢰 들어오는 작품만 그려서는 자신을 널리 알릴 방도가 없는 화가에게 개인전은 너무나도 특별한 행사이니까요. 모딜리아니는 친구들이 열어준 개인전에 모든 것을 걸었습니다. 내 인생을 바쳐, 이 개인전을 통해 반드시 성공하고 말겠다고요. 그리고 자신의 걸작 서른두 점을 준비했어요. 하지만 부푼 기대와 희망은 전시회의 막이 오르기도 전에 무너지고 말았죠. 전시를 시작하기 직전에 열린 오프닝 파티가 무르익을 즈음이었습니다. 각계의 귀족과 돈 많은 사람들, 친구들까지 모여 곧 열릴 전시회를 기대하며 잔뜩 들떠 있던 그때 누군가 갤러리의 문을 쾅쾅 두드렸습니다. 입구에는 아무도 초대하지 않은 손님들이 도착해 있었어요. 경찰들이었죠. 모딜리아니는 그 자리에서 풍기문란죄로 경찰에 잡혀가고 그림은 죄다 압수당합니다. 자신의 모든 것을 걸었던 전시회는 오픈도 하지 못하고 무산되고 말았죠.

문제가 된 작품은 〈누워 있는 나부Nu Couché(1917)〉 등을 비롯한 몇몇 나체화였는데요. 이 그림을 창밖에서도 볼 수 있도록 창에 붙여둔 것을 지나는 사람들이 보고 신고를 한 겁니다. 무엇이 문제였을까, 의아하다고 생각하시는 분들도 많을 테죠. 나체화는 그로부터 몇백 년 전부터 흔했던 그림이니까요. 신화를 묘사한 그림에서 나체로 등장하는 인물들이 어디 한둘이던가요. 당장 조금 전까지 살펴본 〈비너스의 탄생〉만 하더라도 방금 바닷속에서 태어난 비너스가 실오라기 하나 걸치지 않고 그림 한가운데에 등장하지 않았나 말이죠. 하지만 당시 사람들에게 모딜리아니의 그림은 말 그대로 충격 그 자체였습니다. 그들에게는 그전까지 보아온 나체의 존재가 등장하는 그림과 모딜리아니의 나체화는 완전히 다른 개념이었습니다.

먼저, 그전에 그려진 그림에는 뒷배경이 있었습니다. 나체의 존재를 그렸다기보다는 신화를 스토리텔링하며 표현한 것에 가까웠습니다. 바다에서 거품이 일며 비너스가 태어나는 순간, 정숙, 청순, 사랑을 상징하는 세 여인이 나체로 한 손에 사과를 들고 있는 모습 (루벤스Rubens 의 〈삼미신The Three Graces(1635년경)〉), 나체로 바위에 팔이 묶인 여인 (16세기 이탈리아 시인 아리오스토Ariosto가 쓴 서사시 「성난 롤랑」의 에피소드를 담은, 앵그르 Ingres의 〈안젤리크를 구하는 로제Roger Délivrant Angélique(1819)〉) 등은 모두 신화 속 이야기를 표현한 것이었고, 그림 속에서 나체로 표현되는 이들은 신화의 흐름상 등장하는 인물일 뿐이었죠.

하지만 모딜리아니가 그린 것은 나체의 인물 그 자체였습니다. 옆집 여자가 옷을 벗고 누워 있는 장면을 그린 것이었죠. 신화를 그림으로 표현한 것이 아니라 벗은 여자를 그린 거예요. 또한 이전의 그림에서는 체모를 볼 수 없었는데요. 사실 이 부분이 가장 큰 문제였습니다. 미

The Three Graces 삼미신, 루벤스, 1635년경

Roger Délivrant Angélique 안젤리크를 구하는 로제, 앵그르, 1819

신화를 그린 그림에 나오는 나체의 여성은 이야기의 흐름상 등장하는 인물이기에 외설적으로 보지 않았습니다. 하지만 모딜리아니의 그림은 달랐죠.

술에 혁신의 바람이 불며 여러 고정관념을 깨려는 시도들이 잇달았지만, 체모만큼은 감당할 수 없었던 당시 분위기상 비난의 중심에 놓이게 된 거죠. 매끈한 피부는 사람의 모습을 하고 있지만 사람과는 다른, '신'을 표현하는 방식 중 하나였는데 모딜리아니는 눈에 보이는 모든 것을 다 그렸죠. 본인에게는 고전으로 불리는 그림이나 자신이 그린 그림이나, 거기에 등장하는 나체의 신이나 나체의 인간이나 똑같이 아름다웠으니까요. 그러나 받아들이는 사람들은 그렇지 않았습니다. 사람들에게 신의 나체는 아름다움이었고, 사람의 적나라한 나체는 외설이었죠.

사람들이 분노하며 욕을 퍼부었던 세 번째 이유는 바로 시선이었습니다. 어딜 바라보는지가 왜 그렇게 중요한지 처음에는 이해하기가 어려울지도 모르겠습니다. 이유는 이러합니다. 모딜리아니의 나체화 속 여성은 관람객을 똑바로 쳐다보고 있어요. 다시 비너스의 탄생을 보면, 어떤가요. 비너스는 약간 아래쪽 옆을 쳐다보며 관람객의 시선을 피하는 듯 보이죠. 신화 속에 등장하는 존재를 나체로 그린 다른 그림들 또한 대부분 마찬가지예요. 허공을 향해 시선을 떨어뜨리고 있거나, 그림 속에 등장하는 다른 이와 눈을 맞추고 있거나, 자신이 완수해야 할 임무를 끝내느라 바쁜 모습이죠. 하지만 모딜리아니가 그린 누워 있는 나체의 여인은 벌거벗은 자신의 모습을 누군가 바라보고 있음을 알기라도 한다는 듯 관람객을 똑바로 응시합니다. 마치 인간의 원초적인 아름다움을 표현하고자 하는 그림을 보며 외설적인 상상을 하고 있는 관객들에게 무얼

보냐고 맞받아 공격하듯이 말이에요. 그때 사람들은 모딜리아니의 나체화들을 작품이 아닌 포르노로 받아들였죠.

　모딜리아니는 난생처음 자신의 이름을 걸고 기대에 차 준비했던 전시회가 무산되며 말할 수 없는 절망감에 빠졌어요. 기대한 만큼 실망도 커서, 그나마 잡고 있던 이성의 끈을 놓고 술과 마약에 깊이 빠졌죠. 자신이 추구하는 예술은 세상 사람들이 이해할 수 없는 것이라고, 자신은 어떻게 해도 대중과 소통하지 못하리라고 비관하며 얼마 남지 않았던 희망까지 남김없이 던져버립니다. 건강은 더욱 나빠졌는데요. 몸을 추스르기 어려울 만큼 병세가 짙어지며 절망감은 더욱 짙게 드리웠습니다.

　아이러니하게도 살아서는 인정은커녕 제도적으로 압박받기까지 했던 모딜리아니의 나체화는 그가 사망하고 나서 값이 천정부지로 치솟았습니다. 이 전시회가 열린 1917년으로부터 약 100년 후에 열린 2015년 크리스티 경매에서는 그의 나체화가 무려 1억 7,040만 달러, 우리나라 돈으로 1,900억 원이 넘는 금액에 낙찰되어 모딜리아니의 그림 가운데 가장 비싼 그림이라는 기록을 세웠고요. 그로부터 3년 뒤인 2018년, 소더비 경매에서는 그가 남긴 다른 나체화가 그보다 조금 적은 1억 5,729만 달러에 낙찰되었습니다. 우리나라 돈으로 1,700억 원이 훌쩍 넘은 것이죠. 생전에는 그림과 조각을 할 재료와 도구를 살 정도를, 사랑하는 사람과 밥이나 제대로 챙겨 먹고 안락한 집에서 예쁜 딸을 자

Nu Couché 누워 있는 나부, 모딜리아니, 1917

Nu Couché 누워 있는 나부, 모딜리아니, 1917

모딜리아니의 나부는 신화 속 인물이 아니라 나체의 인물 그 자체였습니다. 그래서 당시의 사람들이 받아들이기 어려웠죠. 신의 나체는 아름다움이었지만 사람의 나체는 외설이었습니다.

기 손으로 키울 수 있을 딱 그 정도만을 바랐을 모딜리아니였을 겁니다. 하지만 그게 마음처럼 이루어지지 않아 마음껏 작품 활동을 하지 못하고 사랑하는 사람들과 생이별을 해야 했던 그의 삶을 돌아보면, 실로 가슴 아픈 비극이 아닌가 싶습니다.

죽음도
갈라놓지 못한
사랑

슬픈 사랑 이야기, 하면 어떤 것이 떠오르나요? 아마 여기 두 사람, 모딜리아니와 잔 에뷔테른Jeanne Hébuterne을 떠올리는 분들도 있을 겁니다. 3년이 채 안 되는 짧은 시간 동안 그들은 그 누구도 부럽지 않을 만큼 뜨겁게 사랑했지만 그 끝은 참혹하리만큼 애통한 비극이었습니다.

두 사람은 1917년, 모딜리아니의 친구였던 조각가 차나 올로프의 소개로 아카데미 콜라로시에서 처음 만났습니다. 미술학도였던 잔은 조금은 창백한 외모에 적갈색 머리카락이 몹시 아름다웠다고 하죠. 첫눈에 반한 둘은 열렬한 사랑에 빠졌습니다. 서로를 운명이라 믿어 의심치 않았죠. 하지만 잔의 부모님의 생각은 전혀 달랐어요. 보수적인 부르주아 집안의 신실한 가톨릭이었던 잔의 부모님에게는 하늘이 무너지는 소리였죠. 그때 잔의 나이가 열아홉, 모딜리아니는 서른셋이었는데요. 곱게 키운 딸이 이탈리아에서 건너온 보잘것없는 늙수그레한 그림쟁이를 만나겠다니, 기가 막힐 노릇이었겠죠. 모든 게 엉망진창이었고 마음에 드는 구석이라고는 눈을 씻고 찾아보려 해도 찾을 수 없었습니다. 한때 마을의 뭇 여성들을 눈물짓게 했던 수려한 외모는 온데간데없었습니다.

술과 마약에 찌든 삼십 대 중반의 병약하고 가난한 남자이자 아무도 그의 그림을 사지 않는 화가, 그게 모딜리아니였거든요. 볼품없었던 몰골은 페인이 따로 없을 정도였죠. 잔의 부모님은 두 사람의 만남을 결사반대합니다. 하지만 운명의 상대를 만났다는 잔의 철석같은 믿음은 그 누구도 흔들지 못했죠. 오히려 역사 속 숱한 연인들이 그러했듯 부모님의 반대는 잔의 끓어오르는 마음에 더욱 불을 지필 뿐이었습니다.

사랑은 더욱 뜨겁게 타올랐고, 잔은 끝내 집을 나가 모딜리아니와 살림을 차리기에 이르렀는데요. 잔에게는 오로지 모딜리아니뿐이었습니다. 맹목적인 사랑, 그게 바로 잔에게 가장 잘 어울리는 표현이었어요. 잔은 아무것도 바라는 것 없이 그저 자신이 사랑하는 사람의 곁을 지켰습니다. 실패로 끝났지만 모딜리아니를 위해 그의 평생에서 유일했던 개인전을 다른 친구들과 함께 준비하기도 했죠.

〈큰 모자를 쓴 잔 에뷔테른Portrait de Jeanne Hébuterne au Grand Chapeau(1918)〉은 모딜리아니가 그린 잔의 초상화 가운데서도 우리에게 아주 익숙한 그림이죠. 커다란 모자의 챙은 둥근 어깨선과 조화를 이루고, 배경의 직선 요소들은 둥근 선을 더욱 돋보이게 합니다. 길쭉한 얼굴과 코, 아몬드 모양의 눈으로 그린 사람이 잔이 유일한 건 아니었지만, 가장 많이 그린 대상이었음은 틀림없는데요. 모딜리아니가 처음으로 자신을 그려서 보여주었을 때 잔은 그에게 물었어요. 왜 눈을 그리지 않느냐고요. 우아함을 내뿜는 아몬드 모양의 눈은 뜬 것도 감은 것도 아닌 채 모

Portrait de Jeanne Hébuterne au Grand Chapeau

큰 모자를 쓴 잔 에뷔테른, 모딜리아니, 1918

모딜리아니와 그의 아내 잔 에뷔테른의 사랑 이야기는 뜨겁고 아름답지만 잔혹하리만큼 애통한 비극이었습니다.

호하게 표현되어 있죠. 모딜리아니는 잔에게 답했습니다. 당신의 영혼을 보게 될 때 눈동자를 그리겠다고요. 이 말이 모든 것을 설명해주는 듯해요. 개인적으로도 무척 로맨틱하다고 느꼈는데요. 예술가들의 감수성은 도통 따라갈 수가 없네요. 우리는 흔히 눈은 그 사람의 내면과 외면을 들여다보는 마음의 창이라고 하죠. 모딜리아니는 언제나 철학적인 생각에 빠져 있었습니다. 친구들은 사랑하는 사람과 함께하면 모딜리아니가 술과 마약도 줄이게 되리라 기대했지만, 변화는 찰나에 그쳤습니다. 잔은 모딜리아니가 어떤 모습을 하고 어떤 행동을 하든지 묵묵히 그 옆을 지켰고요.

이듬해인 1918년이 되어 제1차 세계대전이 격해지면서 파리를 폭격한 독일군을 피해 모딜리아니와 잔은 프랑스 남부 도시 니스로 피란을 떠납니다. 파리 전역에 대피령이 내려져 피카소나 마티스 같은 유명 화가들까지도 다른 지역으로 몸을 피할 때였죠. 전쟁으로 어수선했고 연고가 없는 낯선 지역에서 생계를 꾸려나가야 했지만, 다 지나고 보면 모딜리아니가 프랑스에 건너온 이후 가장 행복했던 시기가 바로 이때가 아니었을까요. 생활은 여전히 빠듯했습니다. 그림은 팔리지 않아 모딜리아니는 길거리에서 즉석으로 사람들의 초상화를 그려주며 돈을 벌었고요. 그마저도 어려울 땐 식당에서 밥값 대신 그림을 그려주기도 했어요. 한동안 니스에 있는 식당 화장실에 모딜리아니가 그린 그림이 걸려 있었다는 사실은 지금 생각하면 놀랍기만 한 풍문 같은 이야기죠.

　　가난했지만 행복한 나날이었습니다. 따뜻한 햇살이 가득한 도시에서 다시없을 운명의 사랑과 함께하던 시기였으니 그러지 않을 도리가 있었을까요. 이때 그린 그림에서도 평소와는 다른 밝은 기운이 잔뜩 묻어납니다. 모딜리아니의 마음도, 그의 그림도 남부 도시에 내리쬐는 햇빛을 듬뿍 머금은 듯했죠. 평소에는 잘 그리지 않았던 아이들 그림을 부쩍 자주 그리는데요. 니스로 내려간 해 11월에 사랑스러운 딸이 태어날 때쯤 나타난 변화였습니다. 세상 어떤 아이와도 비교할 수 없을 만큼 가장 예쁜 아이가 내 아이지만, 내 아이를 갖게 됨으로써 세상 모든 아이들이 예뻐 보이는 게 또 부모의 마음이라고 하죠. 사랑하는 여인의 이름을 따 딸의 이름을 잔 모딜리아니로 지었는데요. 너무나 안타깝게도 이때 모딜리아니는 지갑과 신분을 증명할 서류를 도둑맞는 바람에 자신의 신원을 증명하지 못해 딸은 아버지 미상으로 출생부에 기록됩니다.

　　딸이 태어나던 11월에 독일이 항복하면서 제1차 세계대전은 끝이 나고, 모딜리아니의 세 가족은 머지않아 파리로 돌아옵니다. 행복한 날들은 영원하지 않았습니다. 살림살이는 나아지질 않았고, 집을 데울 난방비조차 부족해 태어난 지 얼마 되지 않은 딸아이를 처갓댁에 보내야만 했죠. 사실상 모딜리아니는 아버지로서 아이를 제대로 키워보지도 못했어요. 잔 모딜리아니의 어릴 적 사진 한 장 제대로 된 것이 남아 있지 않을

Le Sweate Jaune
노란색 스웨터를 입은 잔 에뷔테른, 모딜리아니, 1918

Jeanne Hébuterne, Seated
앉아 있는 잔 에뷔테른, 모딜리아니, 1918

모딜리아니는 잔을 모델로 많은 그림을 그렸습니다. 사랑의 마음이 담긴 그림은 두 사람의 행복을 우리에게까지 전해주죠.

정도로요. 모딜리아니의 건강도 다시 나빠지기 시작했습니다. 갑자기 결핵이 심각하게 악화되어 하루가 다르게 수척해졌죠. 젊은 시절의 사진과 나란히 놓고 보면 같은 사람이라기 믿기 어려울 지경이었어요. 두 사람은 오로지 서로에게 의지하며 하루하루 견뎌나갈 뿐이었습니다.

건강은 나아질 기미 없이 다시 해가 바뀌었습니다. 어느 날 잔은 모딜리아니가 그린 자신의 그림을 보고 눈물을 펑펑 쏟았죠. 모딜리아니가 자신의 초상화에 처음으로 눈을 그렸기 때문이었습니다. 세상 그 무엇과도 바꿀 수 없는 행복이었지만 마냥 기뻐할 수만은 없었던 그들의 처지 앞에서 잔이 흘린 눈물은 퍽 복잡한 것이었을 테죠. 모딜리아니는 잔에게 말했습니다. "잔, 부탁이니 천국에서도 내 모델이 되어줘요." 잔은 울먹이며 대답했죠. "그럼요. 천국에서도 당신의 모델이 되어드릴게요." 두 사람이 나눈 짧지만 무게는 결코 가볍지 않았던 사랑의 대화는 슬프게도 이별의 약속이 되고 맙니다. 죽음은 생각보다 가까이 와 있었죠.

한동안 두 사람은 몽마르트르에서 자취를 감추었습니다. 활동하는 곳이 빤했고, 비슷한 시간에 늘 들르는 곳에서 얼굴을 마주치면 서로서로 안부를 물으며 지내던 친구들은 일주일이 지나고 보름이 지나도록 모딜리아니가 모습을 드러내지 않자 걱정이 되어 그의 집을 찾아갔어요. 잠긴 문을 부수고 들어갔더니 모딜리아니는 죽음이 임박한 듯 가쁜 숨을 몰아쉬고 있었고 잔은 그 곁에서 서럽게 울고 있었죠. 친구들은 그를 급히 병원으로 옮겼지만, 이미 몸이 너무 많이 망가진 모딜리아니는 입원한

Jeanne Hébuterne
잔 에뷔테른, 모딜리아니, 1919
처음으로 잔의 눈동자를 그린
그림입니다. 행복은 잠시, 긴 이
별이 다가오고 있었죠.

다음 날 결국 서른여섯의 젊은 나이에 세상을 떠나고 맙니다.

병원으로 향하던 그가 친구들에게 마지막으로 남긴 유언은 먹먹한 그리움이었어요. "이탈리아여. 아, 이탈리아여." 스물둘에 떠나 다시는 돌아가지 못한 이탈리아, 그리고 어머니에 대한 그리움이 죽음과 맞서 싸우는 그 순간에도 터져 나온 것이었죠. 아픈 것을 숨기고 어머니께 성공해서 곧 찾아뵙겠다고 다짐한 말도 결국은 지키지 못한 채 세상을 떠나게 된 거예요. 그저 큰 불편함 없이 먹고살 정도로 돈을 벌고, 이탈리아에 있는 어머니를 뵈러 가는 것이 그가 바란 가장 큰 기대였는데 그것조차 이루지 못한 채로요. 화가 자신은 눈을 감는 순간까지 알지 못했지만, 이 무렵 런던이나 뉴욕 등 파리 바깥의 큰 도시에서는 독특한 분위기를 풍기는 초상화가가 나타났다며 뒤늦게 조금씩 입소문이 나고 있었다고 하죠.

모딜리아니가 집에서 죽음의 문턱을 넘나들 때 그의 옆에는 마무리한 지 얼마 되지 않은 그림 한 점이 놓여 있었습니다. 모딜리아니가 이 세상에서 마지막으로 그린 작품은 바로 초췌해질 대로 초췌해진 자신의 말년을 그린 〈자화상Autoportrait(1919)〉이었습니다. 평생에 걸쳐 남들의 얼굴을 그리고 조각하면서도 자기 자신을 그린 적은 단 한 번도 없었던 이가 바로 모딜리아니였는데요. 그는 죽음의 문턱에 다다랐음을 직감하고서는 붓을 들고 힘겹게 몸을 일으켜 눈을 감았는지 떴는지도 알아보기 어려운 자신의 모습을 캔버스에 그려나갔습니다. 마치 내면 세계를 유영하듯 몽환적인 표정처럼 보이기도 하죠. 집 안에서 의자에 앉아 있는 모습을 그렸는데 실내에서 입기에는 어색해 보이는 두꺼운 털코트와 털목도리 차림인 이유는 실제로 집에서 온몸을 꽁꽁 둘러싼 옷차림으로 지냈기 때문입니다. 너무 가난해서 난방을 제대로 하지 못해 집은 늘 냉기로 가득했어요. 그러나 그림 속 애처로운 모습의 화가는 끝내 손에 쥔 팔레트만큼은 놓지 않죠. 혹자는 〈자화상〉을 모딜리아니가 잔에게 남긴 유언이자 마지막 선물이었으리라고 보기도 합니다. 혹여나 내가 병으로 세상을 떠나더라도 꿋꿋하게 살아가 달라고 당부하는 의미였으리라고 말이죠.

싸늘하게 식은 모딜리아니를 본 잔은 더 이상 쏟을 눈물이 없을 것처럼 울다 지쳐 그만 정신을 놓았습니다. 잔이 다시 정신을 차렸을 때는 파리의 한 아파트 6층이었어요. 가난해도 웃었을 만큼 사랑했던 연인을 떠나 보내고 그 비통함을 주체하지 못해 기절한 딸이 혹시 위험한 생각을 하지나 않을까 걱정한 잔의 부모님이 잔의 오빠를 시켜 아파트에 가둬놓고 감시하게 한 것이었어요. 몹쓸 생각은 절대 하지 않게 두 눈 똑바로 뜨고 지켜보라고요. 오빠는 잔을 감시하고, 잔은 갇힌 아파트에서 그림을 그립니다. 마치 모딜리아니가 죽기 얼마 전에 자신의 〈자화상〉을 그렸듯이요. 새벽녘에 잔의 오빠는 졸음을 견디지 못하고 잠깐 잠이 듭니다. 그리고 잔은 베란다로 나갔습니다. 아래에 펼쳐지는 파리 시내의 풍경을 둘러보며 다시 한번 깨달았죠. 모딜리아니 없이는 더는 파리의 하늘 아래 살아갈 이유가 없다는 사실을요. 모딜리아니가 세상을 떠나고 이틀이 지나 장례식이 치러지던 바로 그때, 잔은 아파트 6층의 베란다에서 뛰어내려 스스로 목숨을 끊습니다. 안타깝게도 이때 잔의 배 속에는 둘째 아이가 자라고 있었죠.

　　잔이 아파트에서 생애 마지막으로 그린 〈자살La Suicide(1920)〉은 몇 시간 뒤에 모두가 두 눈으로 보게 될 잔의 선택을 예고하는 것이나 마찬가지였습니다. 침대에 누워 있는 자신을 그린, 일종의 자화상인 〈자살〉에서 그림 속의 잔은 한 손엔 칼을 들고, 그 칼로 자기 자신을 찌른 듯한 가슴에서는 피가 솟구칩니다.

Autoportrait

자화상, 모딜리아니, 1919

초췌해질 대로 초췌해진 자신의 모습
을 그린 모딜리아니의 자화상입니다.
평생 동안 다른 이들의 얼굴을 그리
고 조각했지만 자신의 모습은 처음으
로, 힘들게 그렸습니다.

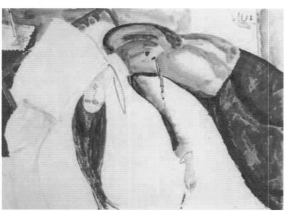

La Suicide 자살, 잔 에뷔테른

모딜리아니가 죽고 나서 견딜 수 없
는 슬픔을 담은 잔의 그림입니다. 이
그림을 그리고 잔은 세상을 떠났습
니다. 그가 없는 세상을 살 수 없었던
잔의 마음이 고스란히 담겨 있죠.

딸을 잃은 잔의 부모는 끝까지 모딜리아니를 원망했습니다. 너 같은 놈 때문에 우리 딸이 결국 이렇게 되었다고, 아까운 내 딸이 한창 젊음을 만끽하기도 전에 세상을 버렸다고요. 더 이상 이 세상에 없는 사람을 향한 감정임에도 부모의 분노는 쉽게 가라앉지 않았죠. 이틀 차로 세상을 떠난 두 사람이 죽어서조차 나란히 있는 꼴은 볼 수 없다는 잔 부모의 강력한 의지로 두 사람의 유해는 따로 묻히게 되죠.

하지만 모딜리아니의 부모는 이 사실이 끝까지 마음에 얹혔습니다. 3년이 채 되지 않는 짧은 사랑에 그친 가련한 두 사람이 저세상에서라도 함께하기를 바라는 마음을 쉽게 접기 어려웠어요. 모딜리아니의 부모는 잔의 부모의 화가 조금은 가라앉을 때까지 기다렸다가 지치지 않고, 진심을 다해 설득했습니다. 상대방이 없이는 더 살 이유를 알지 못했던 아이들이었는데 지금처럼 떨어뜨려 놓을 수는 없지 않겠느냐고, 죽어서라도 만나게 해주어야 하지 않겠느냐고 말입니다. 설득은 장장 10년 동안 계속되었습니다. 절대 생각을 바꾸지 않을 듯했던 잔의 부모님은 10년 만에 마음을 돌립니다. 생전에 두 사람이 함께했던 3년 중에서도 두 사람이 오롯이 같이 지낸 시간은 드물었는데, 죽어서도 10년이란 긴 시간을 떨어져 있던 끝에 서로를 다시 만나게 된 거죠.

두 사람의 무덤이 파리 시내 페르라셰즈 공동묘지 내에 있는 지금의 묘에 함께 묻히게 된 애달픈 사연은 그러했습니다. 두 사람이 세상을 떠나고 파리 시내는 한동안 슬픔에 잠겨 그들을 아는 이들은 웃는 일

조차 드물었다는 풍문도 있죠. 둘을 사랑했던 수많은 사람들의 바람이
그들이 뒤늦게라도 함께할 수 있게 힘을 불어넣어준 것은 아니었을까요.
두 사람의 묘비에는 그들의 뜨거웠던 사랑이 이렇게 함축되어 있습니다.

'아메데오 모딜리아니,
영광의 순간 죽음이 그를 데려가다.
잔 에뷔테른,
그의 동반자에 헌신한 극한의 희생.'

몽파르나스의 라 뤼세?
몽마르트르의 바토라부아르?

모딜리아니가 활동하던 당시, 파리에 모인 가난한 예술가들은 대부분 몽파르나스와 몽마르트르에 모여 있었습니다. 그곳에서도 가난한 예술가들이 모여 살던 곳이 두 곳으로 나뉘는데요, 한곳은 몽파르나스의 라 뤼세La Ruche, 또 다른 곳은 몽마르트르의 바토라부아르Bateau-Lavoir였죠. 어떤 곳이 있었을까요?

라 뤼세는 '벌집'이라는 뜻입니다. 1900년에 열린 만국박람회에서 와인 부스로 사용하던 구조물이었는데 이후 조각가 알프레드 부쉐르Alfred Boucher가 분해한 뒤 몽파르나스에 재건축한 건물이죠. 건물의 모양이 벌집과 흡사해서 이런 이름이 되었습니다. 부쉐르는 성공한 조각가였고 가난한 예술가들을 지원하기 위해 방값을 저렴하게 책정해서 예술가들을 머물게 했습니다. 대략 40명 이상이 모여 있었는데 화가 마르크 샤갈Marc Chagall, 샤임 수틴Chaïm Soutine, 시인 기욤 아폴리네르Guillaume Apollinaire, 화상 볼라르Vollard 등의 예술가들이 성공을 꿈꾸며 자신만의 예술을 만들었죠. 이곳은 전쟁을 겪은 후 황폐해졌다가 1970년대에 보수해서 현재도 많은 여행객들이 찾고 있습니다. 여담으로 당시 이곳 문을 열고 나오는 예술가 중 어깨를 당당히 펴고 나오는 사람은 거의 없었다고 합니다.

몽마르트르에도 예술가들이 모여 살던 건물이 있었죠. 바토라부아르로 재미있게도 뜻이 '세탁선'입니다. 당시 센강에는 세탁선이 떠다녔는데 건물이 그것과 흡사하게 생겨 시인 막스 자코브Max Jacob가 이름을 지었다고 합니다. 이곳에는 유명한 예술가가 많이 살았는데요, 화가만 해도 모딜리아니, 피카소, 마티스Matisse, 앙드레 드랭André Derain 등이 살았죠. 피카소는 이곳에서 그 유명한 〈아비뇽의 여인들〉을 그렸습니다. 여담으로 지금은 20세기를 대표하는 작품이지만 피카소가 이곳에서 지인들에게 작품을 공개했을 때 작품을 본 친구들이 "피카소가 드디어 미쳤다"라고 수군댔다고 합니다.

모딜리아니가 남긴 초상화들

모이즈 키슬링의 초상Portrait de Moïse Kisling(1915)

모이즈 키슬링은 폴란드 출신의 프랑스 화가로 정물과 풍경을 주로 그렸습니다. 1910년 파리에 도착한 키슬링은 바토라부아르에도 거주했으며 피카소와도 교류했죠. 특히 모딜리아니와 각별한 우정을 나누었고 자신의 아틀리에를 제공해 주기도 했습니다. 모딜리아니는 키슬링의 초상화뿐 아니라 그의 아틀리에를 주제로 작품을 남기기도 했습니다. 모딜리아니의 사망 소식을 들은 키슬링은 그의 데스마스크를 만들어주기도 합니다.

폴 기욤의 초상Portrait de Paul Guillaume(1915)

폴 기욤은 20세기 초 파리를 중심으로 활동한 화상입니다. 1914년 화랑을 열고 당시에는 잘 알려지지 않은 화가인 모딜리아니, 앙드레 드랭, 로베르 들로네 등의 그림을 전시했습니다. 생전 모딜리아니의 진가를 알아보고 작품을 구매한 최초의 화상이었죠. 그가 후원했던 화가들이 나중에 유명해지며 작품을 보는 눈이 대단했다는 평을 받고 있습니다. 모딜리아니 사망 후 그의 작품을 미국으로 가져가 알린 일등 공신이죠. 그가 수집했던 상당수의 작품들이 오랑주리 미술관에 전시되어 있습니다.

레오폴드 즈보로브스키의 초상Portrait de Léopold Zborowski(1916)

레오폴드 즈보로브스키는 폴란드 출신의 시인 겸 화상입니다. 제1차 세계대전의 영향으로 가족과 헤어지고 키슬링과 이웃으로 친분을 맺었고 그의 소개로 모딜리아니를 만납니다. 모딜리아니의 예술성에 반한 즈보로브스키는 그의 처음이자 마지막 전시회도 기획해 주었습니다. 생전 아내에게 "모딜리아니는 피카소보다 두 배 이상 뛰어나다"라고 말하며 그의 예술성을 높게 평가했습니다.

장 콕토의 초상Portrait de Jean Cocteau(1916)

장 콕토는 프랑스의 시인이자 극작가이며 영화감독입니다. 예술적 재능이 뛰어나 다방면에서 활동했고 그림을 그리기도 했습니다. 19세에 시집 〈알라딘의 램프La Lampe d'Aladin〉를 발간했고 인기를 얻었습니다. 그는 모딜리아니의 천재성과 우아함을 좋아했다고 합니다. 가난 속에 살다 세상을 떠난 모딜리아니와 달리 큰 성공을 이루었고 지금도 그의 시와 소설은 큰 인기를 끌고 있습니다.

보는 것만으로 위안이 되는 그림이란
어떤 그림일까요?
고뇌할 거리를 던져주는 심오한 작품이나
비극적인 장면을 그린 그림은 아닐 겁니다.

보는 것만으로 위안이 되는 그림이 무엇인지 정의하긴 어렵겠지만, 저에
게는 모네가 그린 몇몇 그림이 그렇습니다.
보고 있으면 미소가 떠오르며 입꼬리가 올라가고, 마음이 차분히 가라앉죠.
사랑하는 아내 그리고 아이들을 바라보며 그린 그림을 보고 있자면 화가
의 행복함이 그대로 느껴질 지경입니다.
그림 속에 부는 따뜻한 바람과 일렁이는 햇살도 피부에 닿을 듯 생생하죠.
말년에 대부분의 시간을 보낸 정원에서 그린 그림들은 또 어떤가요.
고요하고 싱그러웠을 그곳의 평화로움이 그대로 전해져 보는 것만으로도
명상을 하는 듯이 고민거리가 사라지고 마음속에 엉킨 실타래가 풀리는
듯한 기분이 들죠.
모네의 그림은 대체로 밝고 따뜻해서 어둠이라곤 느껴지지 않지만, 사실
그에게 삶은 가혹했던 날이 더 흔했습니다.
비극과 고통, 슬픔과는 거리가 멀어 보이는 따뜻한 모네의 그림 뒤에 펼쳐
지는 그의 험난한 삶은 어떤 모습이었을까요.

Claude Monet

1840~1926

캐리커처로
마을을 놀래키던
소년

수련, 연못, 바다, 하늘… 사람들이 모네, 하면 떠올리는 것은 저마다 다르지만 또 어느 정도는 비슷합니다. 눈부신 햇살이 여기저기 닿아 일렁이는 가운데 아름다운 자연물을 감각적으로 그려내는 장면, 대체로 풍경화죠. 그리는 대상이나 분위기는 화가의 기나긴 그림 인생에서 계속해서 변화하기 마련이지만, 그 변화가 사뭇 달라서 같은 사람이 그린 거라고 짐작하기 어려운 경우도 종종 있습니다. 모네가 어린 시절에 그린 그림을 보면 드는 생각이기도 한데요. 남아 있는 모네의 그림 가운데 가장 오래된, 모네가 열다섯 살에 그린 캐리커처 한 장은 그가 그린 후기의 서정적인 풍경화들과는 딴판입니다. 익살스럽고, 장난기가 가득하죠. 동네에 아는 아저씨를 그린 듯한 이 그림은 자세히 살펴보면 더 재기발랄합니다. 아저씨 얼굴을 나비의 몸, 그리고 날개와 합성했고요. 얼굴 아래로는 마치 이 나비를 풍선처럼 매달아 들고 있는 듯한 여자가 보이는데, 몸은 또 사람이 아니라 앞발을 든 말의 모습입니다. 놀랍고 재미있는 상상력이죠. 모네가 중학생 시절에 쓴 교과서랑 공책에서 공부한 흔적이라고는 찾아볼 수 없다는 사실! 빈틈이란 빈틈에는 죄다 캐리

모네가 열다섯 살에 그린 캐리커처
모네, 1858년경
놀랍고도 재미있는 상상력이 들어 있
는 캐리커처입니다. 모네의 어린 시절
이 상상되지 않나요?

커처와 만화뿐이거든요. 빛과 자연이 빚어내는 무한한 변주에 탐닉했던

심오한 화가인 줄로만 알았더니 책상에 웅크리고 앉아 교과서 빈 구석

에 코믹한 그림을 열중해서 그리는 사춘기 소년이 떠올라 살짝 귀여운

느낌까지 들죠.

　　저 아저씨는 인상을 쓰면 눈썹이랑 눈이 붙어버리네? 저 선생님

은 웃을 때 콧구멍이 동전만 하게 커지지. 뭐 이런 생각이었을까요? 뭐,

심오하기로 따지면 인간만 한 존재가 없는 것도 사실이죠. 사람이든 풍

경이든 보이는 대로 실감 나게 그리던 시절이었는데, 그때도 필터나 보

정 기술을 쓰는 지금처럼 약간의 미화는 센스였죠. 그런데 특정 인물이

가지고 있는 특징을 포착해 익살스럽게 표현하는 소년이라니 어쩐지 예사롭지 않습니다. 더욱 비범했던 행보는 이 그림을 동네 사람들한테 팔았다는 점입니다. 우리가 어릴 때도 같은 반에서 그림깨나 그리던 아이들은 클라이언트의 요구에 따라 조그만 종이에 그림을 그려주고 소소한 대가를 받기도 했잖아요. 그래 봐야 편의점에서 파는 과자나 빵 정도였는데, 장차 미술의 대가로 자랄 재목은 스케일이 남달랐습니다. 캐리커처 한 장에 적게는 10프랑, 많게는 20프랑도 받고 팔았다고 하니까요. 프랑은 유로화로 화폐가 통일되기 전까지 프랑스에서 사용하던 돈으로, 당시 프랑스 노동자의 하루 일당이 5프랑이었다고 하니 모네는 그림 한 장으로 사나흘 치 일당을 번 것이나 다름없었죠. 그리고 이 재기발랄한 그림은 그의 인생을 바꾸어놓습니다. 천재성은 어떤 식으로든 드러나기 마련이고, 그걸 알아보는 눈은 어디에나 있죠.

어느 날 외젠 부댕Eugène Boudin이라는 화가가 동네에 있는 가게를 지나다가 벽에 걸린 그림에 시선을 빼앗기고 맙니다. 모네가 그린 캐리커처였죠. 화가는 모네의 재능을 첫눈에 알아봅니다. 조금만 가르치면 크게 성공할 거라는 직감이 든 부댕은 모네를 찾아가 제안을 합니다. 캐리커처만 그리고 있기엔 네가 가진 재능이 너무 아까우니 자신과 함께 나가서 풍경을 그리자고요. 부댕은 외광파外光派라고 불리는 무리에 속한 화가였는데요. 외광파는 글자 그대로 실내가 아닌 야외에서 시시각각 변화하는 자연의 빛에 따른 효과를 표현하고자 야외에서 그림을 그렸습니

L'Entrée du Port de Trouville 트루빌 항구의 입구, 외젠 부댕, 1892~1896

모네의 첫 번째 스승 외젠 부댕의 그림이지만 모네가 그렸다고 해도 믿을 만큼 모네의 그림이 떠오르는 그림입니다.

다. 부댕은 모네에게 자신이 그리는 그림을 함께 그리자고 제안한 것이었죠. 특히 하늘을 잘 그리는 화가로 손에 꼽혀서 '하늘의 왕'이라는 별명으로 불리기도 했던 부댕은 그렇게 모네의 첫 번째 스승이 됩니다.

훗날 모네가 추구하는 인상파도 외광파에서 파생하는 무리라고 볼 수 있습니다. 실제로 하늘과 바다를 멋지게 표현한 〈트루빌 항구의 입구L'Entrée du Port de Trouville(1892~1896)〉를 비롯해 외젠 부댕이 그린 그림 가운데 상당수는 모네가 그렸다고 해도 믿을 만큼 모네의 작품들과 아주 비슷하죠. 부댕은 모네에게 끊임없이 가르쳤습니다. 다른 화가들처럼 스튜디오에 틀어박혀 그리지 말라고, 밖에 나가서 자연 풍경을 두 눈으로 직접 보면서 그려야만 더 강렬한 힘과 생명력을 그림에 담을 수 있다고요. 그때까지 화가들은 거의 작업실에서만 그림을 그렸고, 사물 자체의 모습과 색을 표현하는 데 얽매여 있었는데요. 부댕처럼 변화하는 자연의 빛을 표현하는 화가들이 등장하면서 회화는 흐름을 크게 틀죠. 모네는 부댕을 따라다니면서 자연을 그리기 시작했고, 캐리커처로 동네 사람들의 입을 벌어지게 만들었던 소년은 풍경화로 승승장구하게 됩니다.

〈스튜디오Coin d'Atelier(1861)〉는 모네가 군입대를 하던 해에 그린 그림입니다. 그림 속 테이블 위에는 얼마 전까지 사용한 듯한 팔레트가 놓여 있고요. 팔레트 바로 위로는 벽에 걸어놓은 총과 칼도 보입니다. 붓과 팔레트를 놓고 군대에 들어가는 자신의 상황을 표현했죠. 그렇습니다. 프랑스 성인 남자라면 피할 수 없는 병역의 의무가 그에게도 찾아온 순간이었습니다.

당시 프랑스 남자들도 나이가 차면 우리나라처럼 의무적으로 입대를 해야 했는데요. 징집 방식이 조금 흥미로웠습니다. 복무 기간이 1년 또는 7년 두 가지였는데 기간을 결정하는 것이 바로 뽑기였다는 사실이죠. 6년이라는 어마어마한 시간이 뽑기 운에 달려 있다니 이 무슨 숨 막히는 현장이란 말인가요. 그리고 모네가 뽑은 것은… 7년짜리 복무 티켓이었습니다. 뽑기라는 방식도 놀라운데 대체복무까지 가능했습니다. 모

Coin d'Atelier 스튜디오, 모네, 1861

그림 속 테이블 위에는 얼마 전까지 사용한 듯한 팔레트가 있고 바로 위로는 총과 칼이 보입니다. 군대에 가야 하는 당시의 상황을 표현한 그림이죠.

네의 아버지는 대체 병사를 구할 돈을 내주겠다고 하며 아들에게 한 가지 조건을 제시합니다. 당장 그림을 때려치우라고요. 군대에 가기가 죽기보다 싫었다면 우리가 아는 모네는 없었을지도 모릅니다. 하지만 모네는 아버지가 제안한 딜에 넘어가지 않았죠. 그는 이미 그림이 아닌 다른 어느 것도 생각할 수 없는 화가 모네였거든요.

싫든 좋든 새로운 환경에 놓이면 전에 겪어보지 못한 것들을 경험하면서 시야가 넓어지죠. 뜻밖에도 모네는 군생활에서 커다란 수확을 얻습니다. 모네가 병사로 복무한 지역은 당시 프랑스 식민지였던 북아프리카 알제리였거든요. 훗날 그가 자신의 입으로 이야기한 대로 난생처음 만난 아프리카의 자연과 뜨거운 빛은 그에게 커다란 인상을 남겼습니다. 빛에 따라 변화하는 자연의 풍경을 탐구하던 화가에게 다른 위도와 다른 공기에서 보는 빛 그리고 자연은 얼마나 특별했을까요. 그가 말했듯 회화의 꿈은 더욱 더 커졌죠.

클로드 모네

살롱전에
걸리지 못하는 그림과
낙방의 대가

호기롭게 군인이 되었지만 군생활은 예상보다 빨리 끝나버렸습니다. 입대한 지 1년 만에 장티푸스에 걸린 모네는 고열에 시달리다가 결국 제대를 하기 때문이죠. 하지만 병으로 제대를 하더라도 남은 복무 기간은 채워야 했습니다. 어떻게 채우냐고요? 대체 병사를 보내서 채워야 했습니다. 결국은 어딘가에 손을 벌려야 하는 처지가 된 거죠. 그림을 포기하지 않는 이상 아버지가 도와줄 리는 없었죠. 그때 나타난 구세주는 바로 고모였습니다. 모네는 열일곱이라는 어린 나이에 어머니를 여의었는데요. 그때부터 자신을 돌보며 어머니의 빈자리를 채워주신 고모를 어머니처럼 따랐습니다.

　　세상에 공짜는 없는 법이죠. 고모에게도 조건이 있었습니다. 화가가 되는 걸 반대하진 않겠지만 전통적인 아카데미 트랙을 군소리 없이 제대로 밟을 것, 그리고 살롱전에 출품해서 합격할 것. 전통적인 아카데미에서 하는 정규 미술 교육은 뻔했습니다. 비율에 맞게 사람을 그리고, 사실적으로 생생하게 그리는 그림을 배우는 곳이었죠. 모네가 어린 시절에 그린 캐리커처나 첫 스승인 외젠 부댕에게 배운 외광파의 행보와는 많이 다른 방향이죠. 살롱전은 당시 화가들이 출세하기 위해 반드시 거쳐야만 하는 필수코스였습니다. 여기에 이름을 남겨야만 그림도 팔 수 있었죠. 살롱전용 그림은 정해져 있었습니다. 예술에 정답이 있다니 어딘가 좀 이상하지만요.

모네는 살롱전에 들어가기 위한 그림을 그리기 시작합니다. 지금으로 말하면 입시 학원이라 말할 만한 합격 보장 화실에도 들어갑니다. 그 화실에서 그림을 가르치던 선생님은 샤를 글레르Charles Gleyre였습니다. 당연히 살롱전 수상 경력이라는 스펙을 자랑하는 이였고요. 샤를 글레르의 대표작 〈바칸테스의 춤La Danse des Bacchantes(1849)〉을 보면 살롱전의 정답을 한번에 파악할 수 있습니다. 붓 터치의 흔적조차 보이지 않아 사진인지 그림인지 헷갈리죠. 출품하는 모든 이들에게 주어진 주제도 동일했습니다. 신화, 역사, 종교를 주제로 한 그림이어야만 했죠. 왕립아카데미에서 열었던 살롱전은 보수적이기로는 둘째가라면 서러운 행사였거든요. 보수적인 것도 보수적인 것이지만 눈으로 본 적 없는 것을 상상해서 그린다는 점에서 그때까지 모네가 그리던 그림들과는 결이 많이 달랐습니다. 모네는 두 눈으로 직접 본 것을 변형하고 재구성하거나, 밖에 나가 자연물을 관찰하며 시시각각 변화하는 모습 속에서 특징을 찾아내 자기만의 시선으로 표현했던 화가였습니다. 고상하게 실내에 앉아서 그리는, 누가 그려도 비슷비슷한 결과물이 나오는 사진처럼 또렷한 그림은 영 적성에 맞지 않았죠. 반항심이 들끓었습니다. 나는 예술

La Danse des Bacchantes 바칸테스의 춤, 샤를 글레르, 1849

살롱전의 정답을 한번에 파악할 수 있는 그림입니다. 붓 터치의 흔적조차 보이지 않아 사진인지 그림인지 헷갈릴 정도로 사실적이죠.

가이고 화가인데 왜 남들과 똑같은 그림만 그려야 하는지 이해할 수 없다면서요. 앞선 이들이 정해놓은 방식을 배운 대로만 그리는 건 모네가 생각하는 예술이 아니었습니다. 그때 모네와 함께 반항한 화가들이 나중에 인상파 화가로 불리는 드가, 세잔 등이었습니다.

〈정원의 여인들Femmes au Jardin(1866)〉이 바로 이 시기에, 아카데미에서 가르치는 것과는 다른 걸 그리고 싶어 했던 모네가 그린 작품입니다. 당시로서는 제목부터 삐딱선을 제대로 탄 그림이었죠. 아카데미는 고상하게 신화를 되새기고 역사와 종교를 연구하며 그것을 실감 나는 그림으로 표현해야 하는 교육의 전당이었잖아요. 자신의 눈으로 보는 것보다는 배워서 아는 바를 바탕으로 그리는 것이 아카데미의 미술이었습니다. 하지만 모네가 그리고 싶어 했던 그림은 바로 〈정원의 여인들〉 같은 그림이었습니다. 심지어 그림 속에 등장하는 여인들이 신화 속 여신이나 역사 속 인물도 아니고 그저 정원에서의 한낮을 즐기는 일반인이라니, 미술계의 원로들을 뒤로 넘어가게 하고도 남을 작품이었죠.

〈정원의 여인들〉을 자세히 보시면 그림자에 파란색이 섞여 있는 것을 발견할 수 있는데요. 이것도 심각한 문제를 일으킵니다. 그때까지 그림자=검은색이라는 공식은 불문율이었거든요. 그림자는 이전의 화가들에게는 중요하지 않았습니다. 〈정원의 여인들〉을 보고서는 모네에게 왜 그림자에 파란색을 섞었냐고 물어본 사람도 당연히 있었습니다. 모네는 대답했죠. 검은색이라는 건 없다, 그림자도 자세히 살펴보면 검은색이 아니라 다채로운 색이 묘하게 섞여 있다고요. 아직까지도 습관적으로 바다는 파란색, 사람 얼굴은 나의 피부색, 태양은 붉은색, 구름은 하늘색이라 무의식적으로 색칠하는 우리에게도 이건 놀라울 정도로 앞선 것이죠. 아무도 의심하지 않고 검은색으로 칠했던 그림자를 모네는 밖에 나가서, 햇빛 아래에서 관찰했습니다. 그리고 자기만의 방법으로 그림에 표현했죠. 모네는 〈정원의 여인들〉을 살롱전에 출품합니다. 반전은 없었고, 모네는 살롱전에 불합격했습니다. 입구 근처에도 가보지 못하고서요.

살롱전엔 떨어졌지만 모네는 이때 평생의 뮤즈, 카미유를 만나게

Femmes au Jardin 정원의 여인들, 모네, 1866

신화의 여신이나 역사 속 인물이 아니라 그저 정원에서 한낮을 즐기는 일반인이라니, 미술계 원로를 깜짝 놀라게 한 모네의 작품입니다.

되었는데요. 〈정원의 여인들〉에 등장하는 여성이 바로 카미유입니다. 그 중 누구냐고요? 모두가 다 카미유입니다. 한 명이 포즈를 바꿔가면서 모델이 되어주었고, 모네는 그 모습을 그렸어요. 카미유는 모네를 진심으로 사랑했습니다. 가난한 모네가 모델비를 주지 못하는 지경에 이르렀는데도 모네를 떠나지 않고 매번 그림의 모델이 되어주며 그의 곁을 지켰죠. 하지만 사랑으로만 살아갈 순 없었습니다. 행복해지기가 참 어려웠습니다. 모네가 전통을 따르지 않는 대가는 참혹했죠. 그림은 팔리지 않았고, 두 사람이 가난을 벗어날 길은 좀처럼 보이지 않았습니다.

〈기모노를 입은 카미유La Japonaise, Madame Monet en Costume Japon-ais(1876)〉는 당시에 그들이 처했던 가난이 그들을 얼마나 비참하게 했는지 단적으로 보여줍니다. 당시 프랑스에서는 일본 목판화인 우키요에가 유행하면서 일본풍 소품이나 인테리어 등도 덩달아 인기를 끌었어요. 자포니즘이 묻어 있는 거라면 소품, 가구, 그림 할 것 없이 불티나게 팔렸습니다. 부르주아나 중산층에게 인기가 많아 그야말로 돈 되는 산업이 된 것이었죠. 그림이 팔리지 않아 걱정하던 모네는 고민 끝에 자포니즘 분위기를 짙게 풍기는 그림을 그려본 겁니다. 일본풍 의상에 일본풍 머리, 일본풍 부채에 벽지까지 모든 걸 일본풍으로 세팅한 스튜디오에서 카미유에게 기모노를 입게 하고 금발 가발을 씌운 다음에 그린 그림이 바로 〈기모노를 입은 카미유〉였습니다. 인상파의 흔적은 어디에서도 찾을 수 없는, 모네가 그토록 멀리하고자 했던 사실적이고 생생하게 표현하는 데

La Japonaise, Madame Monet en Costume Japonais

기모노를 입은 카미유, 모네, 1876

당시 비참한 가난을 겪었던 모네는 인기 있던 일본풍 그림을 그리기 위해 아내 카미유에게 기모노를 입히고 그림을 그렸습니다. 돈이 필요했고 그림을 팔기 위해서였죠.

충실한 일본풍 그림이었는데요. 모네로서는 완전히 새로운 시도를 했던 거죠. 이유는 명확했습니다. 돈이 필요했고, 그림이 팔려야 했기 때문입니다. 모네에게도 내키지 않는 시도였겠지만 모델이었던 카미유도 원치 않는 일이었습니다. 카미유가 입기 싫어했던 기모노를 억지로 입히고, 가발을 쓰게 해서 그린 그림이었거든요. 시간이 많이 흘러 자신보다 먼저 세상을 떠난 카미유를 기억하며 모네는 기모노를 입히던 날을 떠올리며 말했죠. 입기 싫어했던 기모노를 입게 한 것이 평생 동안 사무치게 미안했다고요.

그림 뒤에 있는 사연을 모른 채로 보면 그저 아름다운 풍경화일 뿐이지만, 〈센강의 얼음Glaçons à Bougival(1868)〉 또한 모네가 겪은 가난의 상처가 짙게 드리운 작품입니다. 가난했다는 말로 그들이 처한 상황이 잘 전달이 될지 모르겠는데요. 두 작품을 그리던 당시에 모네는 빚쟁이에게 쫓기는 것은 일상이었고, 사채업자들이 집까지 찾아와 그림을 가져가는 일도 다반사였습니다. 방값도 내지 못할 처지가 되자 카미유와 모네는 결국 세들어 살던 집에서도 쫓겨나고 말죠. 〈센강의 얼음〉은 가난이 그들의 영혼을 모두 다 삼켜버리기 직전에 그린 작품이었습니다. 슬픈 말이지만 가난을 대표하는 작품이라고 해야 할까요. 모든 것이 얼어붙은 풍경은 온통 무채색으로 차갑기만 합니다. 행복도, 희망도, 따뜻함도, 아무것도 없이 냉랭한 그림에서는 그때 모네가 막다른 골목에 다다

Glaçons à Bougival 센강의 얼음, 모네, 1868

슬프지만 모네의 가난을 대표하는 작품입니다. 행복도, 희망도, 따듯함도 아무것도 없이 냉랭한 그림에서 모네가 느꼈던 절망이 느껴집니다.

라 느꼈던 절망이 고스란히 전해지는 듯하죠. 아니나 다를까 이 그림을 그리던 해에 모네는 자살 시도를 합니다. 삶도, 예술도, 사랑도 지키기 어려울 만큼 자신을 옥죄어오는 가난을 더는 견디기 벅찼던 겁니다. 끝내 원망은 스스로를 향했고 센강에 몸을 던지고 말았습니다. 그나저나 몸을 던진 곳이 물이어서 얼마나 다행이었게요. 위험에 처하자 팔다리는 본능적으로 움직였고 모네는 강을 헤엄쳐 살아나옵니다. 그는 바닷가 도시 출신이었거든요. 가난에 허덕이던 날들에 했던 선택이 모네의 가슴에 지워지지 않는 상처로 남은 사연은 그러했습니다.

끊임없이 변화하는
자연의 인상을
포착하다

죽음의 문턱까지, 그것도 제 발로 넘어갈 뻔하고 돌아오자 모네는 정신이 번쩍 듭니다. 아, 내가 이렇게 나약한 마음을 먹어서는 안 되겠구나 하고요. 모네는 다시 붓을 들고 새로운 마음으로 열심히 그림을 그리기 시작합니다. 비 온 뒤 땅이 굳는다던가요. 머지않아 아들 장이 태어났고, 모네의 그림은 한결 따뜻한 색채를 띱니다. 모네는 외젠 부댕을 만나 본격적으로 그림을 그린 후로 줄곧 풍경화 위주로 그림을 그렸는데요, 아들을 어찌나 사랑했던지 〈요람The Cradle-Camille with the Artist's Son Jean(1867)〉 등 아들의 모습만은 그림에 자주 담았습니다. 수시로 스마트폰을 꺼내 사랑스러운 아이의 모습을 찍는 요즘 부모들이 떠오르죠. 엄마가 만들어준 애착인형을 든 장의 그림에서 아빠의 사랑이 뚝뚝 묻어나지 않나요?

    〈점심Le Déjeuner(1868)〉이라는 그림에도 한 가족의 행복하고 따듯한 오후가 그대로 드러납니다. 월세를 내지 못해 쫓겨났던 모네 가족에게 인상파 화가 친구들이 십시일반으로 살 곳을 마련해 주었는데, 그림 속에 나오는 집이 바로 그곳이었죠. 아직 어린 장, 장에게 음식을 먹이

The Cradle - Camille with the Artist's Son Jean 요람, 모네, 1867

아들 장이 태어나고 모네의 그림은 한결 따뜻한 색채를 띱니다. 아빠의 사랑이 묻어나는 그림입니다.

Le Déjeuner 점심, 모네, 1868

점심의 행복한 순간은 모네에게 어떤 다짐이었습니다. 행복한 이 순간을 지키겠다는, 사랑하는 이들을 책임지고 돌보겠다는 다짐이요.

는 카미유, 그들의 집을 방문한 손님을 그린 〈점심〉은 모네에게는 어떤 다짐이었습니다. 행복한 이 순간을 지키겠다, 내가 사랑하는 이들을 책임지고 돌보겠다, 같은 다짐이요. 신문이 놓인 자리가 모네가 앉아 있던 자리였어요.

모네는 마음을 다잡고 다시 한번 도전을 합니다. 〈라 그르뉴예르의 수영객들Baigneurs à la Grenouillère(1869)〉이라는 그림이 바로 모네의 새로운 도전의 결과물이었습니다. 인상파 동료 화가이자 친구였던 르누아르와 함께 살롱전에 다시 도전해 보자고 같이 의기투합하고 당시 파리의 핫플레이스, 라 그르뉴예르에 찾아갔어요. 라 그르뉴예르는 개구리 연못이라는 뜻인데요. 한강공원 같은 장소라고 보면 될까요. 훈훈한 젊은 남녀들과 셀럽들이 모여 배를 타고, 수영을 하고, 연못가 여기저기를 거닐며 햇살도 즐기던 곳이었어요. 저는 〈라 그르뉴예르의 수영객들〉을 볼 때마다 호수 표면에 반짝이는 윤슬에 감탄하는데요. 정말 표현력이 너무 뛰어나지 않나요? 야심차게 준비한 이 그림도 살롱전에서 낙방하고 맙니다. 살롱전은 변함없이 보수적이어서 기존의 화풍만 고집하고 새로운 스타일은 받아들일 준비가 되어 있지 않았습니다. 포기하는 것도 용기라고 하던가요. 두 번째 불합격을 계기로 모네는 우리의 생각이 짧았다고, 우리가 추구하는 스타일로 살롱전에 통과하기는 불가능하다고 판단하고 살롱전 데뷔를 깨끗이 단념합니다.

Baigneurs à la Grenouillère 라 그르뉴예르의 수영객들, 모네, 1869

모네는 이 그림으로 다시 살롱전에 도전합니다. 하지만 야심차게 준비한 이 그림도 보수적인 살롱전에서는 받아들여지지 못했습니다.

모네의 작품은 하나같이 미완성이라는 소리를 들어야 했습니다. 살롱전에 나오는 또렷하고 완벽한 그림들과 비교하면 더욱 대조적이었습니다. 멀리서 보면 사진을 보는 듯 생생하고 코를 박고 가까이 들여다봐도 하나하나 디테일까지 완벽하게 표현한 그 시절의 그림들과는 완전히 달랐으니까요. 모네의 그림은 가까이서 보면 무얼 그린 건지 파악할 길이 없었고, 멀리서 봐야만 어떤 인상 정도만을 줬는데요. 그래서 사람들은 모네의 그림을 두고 미완성한 그림이라고 쉽게 평가했습니다.

그런데 이즈음, 제도권에서 인정받기를 단념하고 자신만의 예술 세계를 펼치겠다는 뜻을 다지던 모네에게 뜻밖의 상황이 펼쳐집니다. 프랑스와 프로이센 사이에서 일어난 보불전쟁에 프랑스가 패배하고 파리는 순식간에 어수선한 분위기에 휩싸입니다. 코뮌이라는 이름의 자치정부가 들어서고, 피의 일주일이라 불리는 학살 사건도 발생하죠. 가족을 지켜야 했기에 참전할 수 없었던 모네는 영국으로 몸을 피합니다. 그리고 그곳의 미술관에서 윌리엄 터너William Turner의 작품을 만나죠.

영국이 사랑하는 화가, 윌리엄 터너를 따라다니는 수식어입니다. 타고난 재능으로 왕실 아카데미에 최연소 정회원으로 이름을 올렸으며, 원근법을 가르치는 교수로도 활동했는데요. 뛰어난 실력을 지닌 화가는 아카데미에서 고수하는 스타일에 일찍이 의문을 품었습니다. 자신이 눈으로 직접 관찰한 자연 풍경은 지금까지 모든 사람이 그리던, 잘 짜인 그림과는 다르다는 사실을 깨달은 거죠.

회화는 이차원 평면에 정지된 화면을 그리는 예술입니다. 그러나 구름과 파도 같은 자연은 단 한순간도 가만히 있지 않고 끊임없이 움직이죠. 터너는 그림을 보는 사람 또한 그림을 그리던 사람이 보았던 역동적인 자연을 체험할 수 있게끔 요동치는 자연을 표현하고자 했어요. 기존에 존재하던 회화의 법칙을 모두 내려놓기로 결심하고 새로운 풍경을 연구한 화가였죠. 2020년 영국의 20파운드짜리 지폐의 모델이 경제학자 애덤 스미스에서 윌리엄 터너로 바뀌었다는 사실은, 영국이 사랑하는 화가 터너의 인기가 어느 정도인지 짐작하게 하는 단적인 예입니다.

　　모네는 살롱전에 목매달지 않겠다, 제도권의 관습에 얽매이지 않겠다, 내가 생각하는 그림을 그리겠다고 다짐을 했지만 의구심이 완전히 머리를 떠나지는 않았을 것 같은데요. 영국에서 미술관을 돌아다니다가 만난 윌리엄 터너의 〈눈보라 항구를 나서는 증기선Snow Storm Steam-Boat off a Harbour's Mouth (1842년경)〉은 한구석에 남아 있던 의구심을 날려버리기에 충분했습니다. 그림에는 무엇 하나 또렷하게 보이는 것이 없습니다. 하지만 한번 곰곰이 생각해 보세요. 만약 정말 눈보라 속에 서 있다면 눈앞에 뭐가 보일까요? 또렷한 것은 아무것도 없을 겁니다. 그림처럼 모든 것이 소용돌이치며 불명확하겠죠.

　　터너가 표현한 빛과 색채와 대기의 움직임을 보며 모네는 자신이 추구하던 스타일이 틀리지 않았음을, 유럽의 미술은 이미 변화하고 있으며 과거에 갇혀 앞으로 나아가지 못하는 살롱이 너무나 보수적인 태도를 취하고 있음을 깨닫습니다. 윌리엄 터너는 실제로 우리가 이야기하는 인상파가 탄생하는 데 아주 큰 영향을 준 화가죠. 영국의 인상파라 불릴 정도로요. 보불전쟁이 끝이 나고 파리로 돌아온 모네는 확신을 가지고 그림을 그려나가기 시작했습니다. 드디어 인상파가 조금씩 물꼬를 트는 순간이었죠.

　　그나저나 인상파는 왜 인상파일까요? 고흐가 그림을 그리면서 인상을 너무 써서? 어쩐지 고흐의 자화상을 하나씩 떠올려 보니 웃고 있

Snow Storm Steam-Boat off a Harbour's Mouth

눈보라 항구를 나서는 증기선, 윌리엄 터너, 1842년경

모네는 터너의 그림을 보며 제도권의 관습에 얽매이지 않겠다고 다짐했습니다. 터너가 표현한 빛과 색채와 대기의 움직임을 보며 자신의 스타일을 확립할 수 있었죠.

Impression, Soleil Levant 인상, 해돋이, 모네, 1872

인상주의는 이때 시작되었습니다. 멀리서 보면 어떤 인상이나 이미지가 보이지만 가까이에서 보면 불분명하고 붓자국이 그대로 드러난 그림입니다. 새로운 화풍이었죠.

는 모습은 하나도 못 본 것 같네요. 아니면 르누아르가 그림값을 너무 인상해서? 르누아르의 치솟는 인기를 생각하면 타당한 것 같기도 하고요. 그것도 아니면 모네의 그림이 인상적이어서? 인상적이긴 했죠.

클로드 모네, 에드가 드가, 에두아르 마네, 폴 세잔 등은 보수적이기만 하고 변화할 생각이 눈곱만큼도 없는 기존 미술계로부터 인정받기를 포기하고 뜻을 같이 하는 사람들끼리 모여 '무명예술가협회'라는 이름의 협회를 만들었어요. 더는 살롱의 인정을 바라지 않고 자신들이 원하는 그림을 그리며 전시회도 자체적으로 열었죠. 처음 연 전시회의 대표작 제목도 〈인상, 해돋이Impression, Soleil Levant(1872)〉였습니다. 지금은 파리 마르모탕 모네 미술관 메인 작품으로 전시되어 있는 작품인데요. 평론가였던 루이 르로이Louis Leroy가 이 그림을 보고 "작품 제목처럼 그야말로 제대로 그림을 그린 게 아니라 인상만 그렸다. 이들은 인상주의자들이다"라고 혹평을 합니다. 비아냥과 조롱을 섞은 말이었죠. 하지만 무명예술가협회에 소속된 화가들은 마침내 자신들을 제대로 표현하는 말을 찾았다는 듯이 스스로를 인상주의자라고, 자신들을 인상파라고 들으란 듯이 자랑스럽게 말하고 다녔습니다. 인상파라는 이름은 이때 시작되었어요.

그때까지 정통 회화로 손꼽혔던 그림들과 인상주의자들이 그린 그림을 나란히 놓고 보면 차이는 더욱 극명했습니다. 멀리서 보면 어떤 인상이나 이미지가 보이지만 가까이서 보면 요소와 요소 사이에 경계도 없이 불분명했고, 붓자국이 그대로 드러났습니다. 기존에 높은 평가를 받았던 그림들과는 완전히 반대되는 방식이었죠.

주류가 반대하던 그림에는 온갖 공격이 날아들었습니다. 물감을 총에 넣고 캔버스를 향해 쏴버린 그림이냐는 둥, 이걸 그림이라고 가져왔냐는 둥 비난이 쏟아졌죠.

손을 잡은 연인 뒤로 흐드러진 장미와 꽃나무, 생생히 움직이는 하늘을 그린 〈아르장퇴유 화가의 정원Le Jardin de Monet à Argenteuil(1873)〉처럼 아름다운 작품들도 그들에겐 디테일은커녕 형태도 제대로 알아보기 어려운 대충 그린 그림일 뿐이었거든요.

하지만 우리가 알고 있는 모네의 아름다운 그림이 이때부터 무더기로 쏟아집니다. 보는 것만으로도 위안이 되는 그저 너무나 아름다운 그림. 소소하지만 가득 찬 행복을 그린 그림. 저는 〈아르장퇴유 화가의 정원〉이 바로 그런 작품이라고 생각합니다. 그저 황홀하고 찬란하다고만 생각한 그림을 그린 모네에게도 오랜 역경과 고난이 있었고, 그 사연을 알고 나면 모네의 그림을 볼 때 단순히 아름답다는 감상을 넘어 더 깊은 감정이 들죠.

Le Jardin de Monet à Argenteuil 아르장퇴유 화가의 정원, 모네, 1873

우리가 알고 있는 모네의 아름다운 그림이 이때부터 시작됩니다. 보는 것만으로도 위안이 되는 그림들입니다.

내가 그리는 건
빛과
공기입니다

새로운 물결이 탄생하는 데에는 여러 가지 배경이 필요한데요. 인상주의의 탄생 배경에는 근대화, 그리고 기술의 발전이 있었습니다. 화가들에게는 튜브 물감의 발명도 결코 빼놓을 수 없는 사건이었죠. 지금도 사용되는 금속 튜브는 1841년에 미국의 화가 존 랜드John Rand가 발명한 것입니다. 그 전까지는 물감을 어떻게 보관했냐고요? 놀라지 마세요. 돼지 방광에 담아 보관했습니다. 사용하려면 송곳으로 찔러 속에 든 물감을 흘려야 했고요, 화학반응으로 펑 하고 터져버리는 일도 다반사였습니다. 상상만 해도 아찔하죠.

색색깔의 물감이 든 돼지 방광을 들고 야외로 그림을 그리러 나가는 화가가 있긴 했을까 싶은데요. 그 어려운 걸 해낸 이들이 있었습니다. 모네에게 처음으로 그림을 가르쳤던 스승인 외젠 부댕이 속해 있던 외광파 화가들이 그 주인공입니다. 열악한 조건을 감수하고 야외에 나가 그림을 그리던 이들은 그래서 소수였고, 특별했습니다. 마침내 금속 튜브가 발명되면서 야외나 카페에서도 그림을 그리기가 한결 쉬워졌고, 물감도 오래 보존할 수 있게 되었습니다.

클로드 모네

Gare Saint-Lazare 생라자르역, 모네, 1877

모네는 생라자르역을 좋아해서 여러 장을 그렸습니다. 시간에 따라, 빛에 따라, 공기에 따라 다른 그림을 그렸어요.

〈생라자르역Gare Saint-Lazare(1877)〉의 배경인 기차역은 근대화를 상징하는 대표적인 장소 가운데 하나인데요. 1820년에 처음 발명된 기차는 어마어마한 역사적 사건이었습니다. 활동 반경이 넓어지고, 시간적 거리가 가까워진 게 전부는 아니었어요. 역 근처 땅값이 오르고 부동산이 들썩였죠. 다양한 휴대용품도 등장하기 시작했습니다. 그 거대한 쇳덩이가 철로를 따라 움직이는 모습을 보고 임산부들은 기절을 했다고 하죠. 믿기 어려우시겠지만 처음에는 노약자는 기차에 탈 수 없었습니다. (그 당시에 보기에는) 빠르게 달리는 육중한 기계에 올라탄 이들이 혹여나 놀라서 쓰러질까 봐 건강한 사람만 탈 수 있게 했다고 하죠. 기차를 타고 먼 곳으로 떠난 이들 가운데는 화가들도 있었습니다. 캔버스를 챙겨 기차를 타고 더 멀리, 더 넓은 세상을 향해 여행을 떠났죠. 이제 화가들은 자유롭게 아름다운 풍경을 눈에 담기 위해 빠르게 멀리 떠날 수 있었습니다.

모네는 기차와 기차역을 아주 좋아했는데요. 생라자르역을 특히 좋아했습니다. 역의 풍경을 그리고 싶었던 모네는 역장을 찾아가 이 역을 그림으로 그리고 싶으니 기차표 없이 플랫폼에 출입을 할 수 있게 허락해 달라 요청했고, 역장은 고심 끝에 모네의 청을 들어줬습니다. 모네는 의외로 능청스럽게 말을 청산유수처럼 잘했다고 하죠. 설득당한 역장은 일반인인 모네가 역을 마음껏 돌아다닐 수 있도록 허락해 주었고 모네는 발길 닿는 대로 곳곳을 누비며 생라자르역의 풍경을 그리기 시작했습니다.

〈생라자르역〉도 모네가 그린 풍경화와 다르지 않았습니다. 형체가 뚜렷한 게 아무것도 없죠. 기차도 형태가 모호하고, 역 바깥으로 저 멀리 보이는 것들은 건물인지 뭔지, 플랫폼에 걸어 다니는 사람들은 사람이 맞는지, 제대로 보이는 게 하나도 없었습니다. 가만히 있을 평론가들이 아니었죠. 또 다시 비난이 쏟아졌습니다. 이게 역을 그린 거냐, 사람을 그린 거냐, 기차를 그린 거냐, 모네 당신은 도대체 뭘 그린 거냐고 말이죠. 이젠 자신이 그리는 그림에 확신을 가진 모네는 자신 있고 단호하게 대답합니다. 내가 그리는 대상은 사람이나 물체가 아니라고, 내가 그리는 건 빛과 공기라고 말이죠.

빛과 공기를 그리는 화가라니, 누구도 해본 적 없는 발상이었고 혁명이었습니다. 미술 역사에 엄청난 반향을 일으켰죠. 단지 새로운 그림을 제시한 데서 그치지 않았습니다. 그때까지는 아름답고 생생하며 매끈하게 잘 그린 그림이 좋은 작품이라는 데 아무도 이견을 보이지 않았습니다. 다양성이 존재하지 않았던 거죠. 인상파가 등장하면서 지금까지와는 다른 이 그림은 어떻게 특별하며 왜 다르고 또 좋은 건지 같은 것들을 설명할 필요가 생겼고 자연스레 평론가도 많아졌으며 미술 비평이라는 새로운 학문도 등장했습니다. 인상주의가 회화의 다양성이라는 문을 열어젖힌 덕분에 그림은 사실적인 재현에서 벗어나 그림을 위한 그림,

예술을 위한 예술이라는 명목하에 새로운 시도들이 생겨났고요. 후기인 상주의, 초현실주의, 큐비즘 등 다양한 미술 사조가 자라날 환경도 만들어졌습니다.

방황이 길었지만 모네는 비로소 자신이 그릴 그림이 무엇인지가 명확해졌고 그에 대해 확신도 충분했습니다. 개인적으로도 더없이 행복한 나날들이었는데요. 〈파라솔을 든 여인La Promenade(1875)〉 같은 그림에서 그 즈음에 모네가 느꼈을 몽글몽글한 행복의 감정이 짙게 묻어납니다. 양산을 쓴 여인이 모네의 아내인 카미유, 그녀의 옆에 서 있는 얼굴 빨개진 남자 아이는 두 사람의 아들 장인데요. 그림엔 보이지 않지만 세 사람이 서 있을 이 들판 위에 부는 따뜻한 바람과 눈부신 햇살까지 느껴질 것만 같지 않나요? 저에게 보기만 해도 행복해지는 그림이 무엇이냐고 묻는다면 떠오르는 그림 중 하나가 바로 이 〈파라솔을 든 여인〉입니다. 행복하고, 평화롭고, 따뜻한 그림이죠. 행복이 연거푸 찾아와 1877년에는 둘째 아들 미셸도 태어났습니다. 더 바랄 게 없는 날들이었죠. 첫째 아들을 그렸던 것처럼 둘째도 그렸습니다. 사랑스러운 둘째 미셸을 보면서 〈미셸 모네Michel Monet(1878)〉 같은 그림을 그릴 때는 어떤 표정을 지었을지 눈앞에 그려지기까지 하는데요. 모네는 이 무렵부터 갑자기 이해할 수 없는 이상한 행동을 하기 시작했습니다.

아버지에게 지원을 받아 편하게 생활하는 것도 포기했던 모네였습니다. 살롱전에서 어르신들 입맛에 맞는 그림을 그리느니 내가 원하는

La Promenade 파라솔을 든 여인, 모네, 1875

양산을 쓴 여인은 아내 카미유, 옆에 서 있는 아이는 아들 장입니다. 그때의 몽글몽글한 행복의 감정이 짙게 묻어납니다.

Michel Monet 미셸 모네, 모네, 1878

모네의 둘째 아들 미셸을 그린 그림입니다. 어떤 표정으로 그림을 그렸을지 상상되지 않나요?

그림을 그리면서 내가 사랑하는 사람과 내가 바라는 삶을 살겠다고 했던 모네였어요. 그런데 갑자기 돈을 밝히기 시작한 겁니다. 둘째를 낳은 뒤로 인상파 전시에도 참석을 하지 않고요. 다른 화가들과도 잘 어울리지 않고 계속해서 개인전을 열었습니다. 인상파의 대가라는 사람이 같은 의식을 지닌 동료들과 함께 그들의 목소리를 키워도 모자랄 판에 교류에 소홀하고 독단적으로 행동한 겁니다. 동료 화가들은 동요했습니다. 세잔은 모네가 돈을 너무 사랑한다고 비아냥댔고, 드가는 자기 광고에만 혈안이 된 모네라고 비난했어요.

개인전을 열어 그림을 파는 데만 혈안이 된 모네를 보는 시선이 고왔을 리 만무하죠. 하루아침에 딴 사람이 되었다고, 너무 돈만 밝힌다고 비난이 줄줄이 이어졌습니다. 이때 모네가 그림을 팔기 위해 열었던 개인전이 현재의 상업 갤러리와 같은 형태였다는 점은 아이러니하죠. 모네는 그림으로 돈을 버는 방법에 대해 선견지명을 가지고 있었던 겁니다.

모네는 정말 돈이 필요했습니다. 아니, 간절했습니다. 사람이 살아가면서 갑자기 큰돈이 필요해지는 까닭은 생각해 보면 그렇게 다양할 것도 없죠. 좋은 일보단 나쁜 일이 더 많고요. 안타깝게도 카미유가 아팠습니다. 골반에 생긴 종양으로 몸져누운 지 벌써 2년째였죠. 만나서 두 아들을 낳을 때까지 줄곧 빠듯한 삶에 미안한 마음뿐이었는데, 이제야 조금씩 여유가 생겨 못해줬던 걸 해줄 수 있게 되었는데, 카미유는 둘째 아들 미셸을 낳고 급격하게 병세가 악화하여 그 후로 내내 병상을 보전

했죠. 모네가 그토록 열심히 그림을 그리고 팔았던 건 아내의 병원비와 약값을 감당하기 위해서였던 거죠. 그의 지극정성에도 불구하고 카미유는 결국 서른둘이라는 젊은 나이로 세상을 떠나고 말았습니다. 사람들은 나중에서야 이 안타까운 이야기를 알게 되었죠.

〈임종을 맞은 카미유Camille Monet sur Son Lit de Mort(1879)〉는 카미유가 눈을 감은 뒤에 싸늘하게 식은 카미유의 시신을 보며 모네가 그린 그림입니다. 죽은 이를 눈앞에 두고 그림을 그리다니! 이 그림으로 모네는 엄청난 비난을 듣기도 했죠. 한편으로는 진짜 화가였다고 이야기를 하는 사람도 있었고요. 다시는 눈을 마주칠 수도, 이야기를 나눌 수도, 포옹하고 입을 맞출 수도 없는, 삶을 바쳐 사랑한 이가 더 이상 숨을 쉬지 않고 창백하게 누워 있는 모습이라니! 슬픔에 제정신이 아닐 것만 같은 이 순간에 마지막 모습을 보면서 붓을 들었습니다. 저에게도 이 그림은 충격이었는데요. 모네는 이 순간 그런 말을 했다고 해요. "나에게 빛과 대기의 움직임을 그리는 건 집착에 가까워졌다." 모네에게 그림을 그린다는 건 이제

Camille Monet sur Son Lit de Mort
임종을 맞은 카미유, 모네, 1879
죽은 아내를 그린 이 그림으로 모네는 엄청난 비난을 들었습니다. 이 작품은 볼 때마다 다른 감정이 밀려 옵니다.

집착이었던 거죠. 아내가 죽어가는 모습을 보는데 자신은 본능적으로 빛과 색이 변하는 장면을 보고 있었고, 아내의 시신 앞에서 그림을 그릴 수밖에 없었다고 모네는 말했어요. 마치 이 아픔을 잊고 싶다는 듯이, 이 슬픔을 외면하고 싶다는 듯이, 아내가 삶을 다해가던 마지막 순간의 인상을 바쁘게 화폭에 옮긴 것입니다. 사실 이 작품은 볼 때마다 조금씩 다르게 다가오기도 합니다. 빛에 대한 집착이었다고 표현하지만 〈임종을 맞은 카미유〉를 볼 때면 아내를 보내야만 하는 슬픔, 떠나는 모습을 평생 기억하려 했던 절절함도 느껴지거든요. 당시에는 사랑하는 사람을 기억하기 위해 얼굴에 본을 떠 데스마스크Death Mask를 만들기도 했으니까요. 여러분은 〈임종을 맞은 카미유〉를 보면서 어떤 생각이 떠오르시나요?

아내가 세상을 떠난 다음 해에 행복했던 시간을 추억하며 그린 〈베퇴유에 있는 화가의 정원Jardin de l'Artiste à Vétheuil (1880)〉은 티없이 밝아서 보고 있으면 가슴이 더욱 저려옵니다. 키가 높게 자란 해바라기가 하나같이 활짝 만발한 정원 사잇길을 첫째 아들 장이 걷고 있고, 저 뒤쪽으로 둘째 미셸이 형을 따라 뛰어오고 있는데요. 그 옆에 더 이상 세 가족과 함께 있지 않은 아내 카미유가 흐릿하게 그려져 있습니다. 카미유가 죽은 1879년 전후로 모네가 그린 찬란하리만큼 아름다운 가족화를 그저 행복에 겨운 한때를 보는 듯 따스한 마음으로만 보기는 어려운 까닭입니다. 모네는 이 작품만큼은 아무에게도 팔지 않겠다고 했죠. 〈베퇴유

Jardin de l'Artiste à Vétheuil

베퇴유에 있는 화가의 정원, 모네, 1880

아내 카미유가 죽고 나서 행복했던 시간을 추억하며 그린 이 그림은 따듯해
보이는 느낌만큼 가슴이 저려옵니다. 모네는 이 작품은 아무에게도 팔지 않
겠다고 했죠.

에 있는 화가의 정원〉에는 우리 가족의 소중했던 시간이 담겨 있기 때문
에 이 작품만큼은 내가 간직하겠다고 했습니다. 누구나에게 있는, 떠올
리는 것만으로 미소가 지어지는 순간이 모네에게는 베퇴유의 정원에서
아내, 그리고 사랑하는 두 아들과 보낸 그 시간이었던 게 아닐까요.

한 치 앞을
알 수 없었던 나날들
그리고
식지 않은 열정

모네는 스물다섯 점의 〈건초 더미Meules(1888~1890)〉 연작으로 다시 한번 세상을 놀라게 했습니다. 사실 첫 연작은 아니었어요. 근대화의 상징이자 그림을 그리러 교외로 나갈 때마다 흥미롭게 관찰했던 〈생라자르역〉도 다른 시간, 다른 날에 조금씩 다른 구도로 그린 여섯 점의 연작이었거든요. 하지만 이번처럼 파장이 크지는 않았습니다. 〈건초 더미〉가 바로 모네 연작의 정점이었죠. 같은 장소에서 같은 대상을 연달아, 그것도 3년에 걸쳐 무려 스물다섯 점이나 그린다는 건 당시 화가들에게는 도무지 이해할 수 없는 시도였는데요. 어찌 보면 당연한 관점입니다. 모네와 달리 '빛'과 '대기'를 그리지 않던 화가들이 그리는 대상이란 언제 어느 때에 그려도 모습이 완전히 같았으니까요. 하지만 모네가 그린 것은 전에도 말했듯 빛과 대기였습니다. 그림 속에서 형태상 가장 중심이 되는 건초 더미 같은 대상이 아니었죠. 빛과 대기는 단 한순간도 같지 않고 볼 때마다 그 모습이 달라지는 것이었고요. 해가 내리는 어스름에도 그날의 날씨에 따라, 어느 계절인지에 따라 태양은 미세하게 다른 빛깔로 내리쬐었고 대기는 섬세하게 다른 결로 흔들렸습니다. 모네는 같은 장소에서 같은 대상을 반복하여 그림으로써 빛과 대기의 모습이 어떻게 달라지는지 더욱 극적으로 표현하기 위해 바로 〈건초 더미〉 연작을 그린 것이었죠. 다른 화가들은 그림 속 건초를 보았지만, 모네에게 건초 더미는 빛과 대기를 표현하기 위한 일종의 수단이었습니다. 스물다섯 점의 연작 가운데에서 일부는 한날에 건초 더미 앞에 캔버스 여러 개를 주르륵 세워둔 채로 한 캔버스에 그림을 그리고 난 뒤 바로 옆 캔버스로 옮겨 달라진 빛을 새로운 캔버스에 담아내고, 또 다시 시간이 흘러 다른 빛과 대기가 물들인 풍경은 새로운 캔버스에 담아내는 방식으로 그리기도 했습니다.

저는 개인적으로 이 발상에 깊이 감명을 받았습니다. 모네가 느낀 빛과 대기의 변화가 궁금해 실제로 시골에 가서 논둑에 앉아 하염없이 논의 풍경을 바라본 적 있는데요. 모네처럼 빛과 대기의 색을 구분하기가 쉽지 않더라고요. 노을이 지며 온 세상이 붉게 타오를 때나 거대한 구름이 해를 가려 갑자기 그림자를 드리울 때가 아니고서야 크게 다른 점을 느끼기 어려웠습니다. 그 미세한 변화를 자신만의 시선으로 분석해 그림으로 표현했다는 점이 다시금 경이로웠달까요. 세잔이 그렇게 말했다고 해요. "모네는 눈이다. 이 얼마나 위대한 눈이냐." 그만큼 남들이 보지 못하는 세상의 어떤 모습까지 볼 줄 아는 눈을 가졌고 그걸 자신만의 놀라운 표현력으로 그림에 담아낸다는 뜻이 아니었을까요.

추상미술의 선구자로 우리에게 잘 알려진 칸딘스키도 모네의 〈건초 더미〉연작에 엄청난 충격을 받은 사람이었습니다. 놀랍게도 칸딘스키는 그림을 그리던 사람이 아니었어요. 원래는 대학교수였죠. 그가 붓을 들게 된 계기가 무려 모네의 〈건초 더미〉연작이었다고 하는데요. 자신이 지금까지 보아온 것은 그냥 그림이었을 뿐 모네의 〈건초 더미〉가 바로 회화라며 극찬했다고 하죠. "나는 지금까지 오로지 사실주의 미술만 알았다. 그런데 이곳에서 처음으로 '회화'를 보았다. 카탈로그에는 〈건초 더미〉라고 적혀 있지만 처음엔 이 그림을 알아보지 못했다…. 기대도 하지 않은 상태에서 그 인상이 내 기억 속에 저절로 선명하게 떠올라 눈앞에 선명하게 모습을 드러냈다. 그러자 나는 그림에 완전히 압도되었다."

뜨거운 추상의 선구자이자 대가로 손꼽히는 화가 칸딘스키도 모네의 그림을 보고서야 지금 회화에 새로운 변화가 일어나고 있고, 나도 이 흐름에 뛰어들겠다면서 그림을 그리기 시작해 우리에게 화가로 기억되고 있는 것이랍니다. 이런 뒷이야기까지 더해져 그림의 가치는 더욱 올라갔죠. 연작 중 하나인 〈석양의 건초 더미Meule, Crépuscule(1890~1891)〉는 2016년 크리스티 경매에서 무려 약 8,145만 달러, 한화로 900억이 넘는 금액에 낙찰되며 모네의 작품 가운데 가장 비싼 작품으로 기록되기도 했습니다. 모네가 남긴 수많은 걸작 가운데 최고가에 팔린 그림이 이 건초 더미를 그린 작품이라는 점이 인상적이죠.

당시 사람들에게도 〈건초 더미〉연작은 그림을 바라보는 새로운 시선을 지니게 했습니다. 인상주의가 조금씩 인정을 받고는 있었지만 여

Meule, Dégel, Crépuscule 해 질 녘의 건초 더미, 모네, 1890~1891

Meules(Crépuscule, Effect de Neige) 건초 더미(석양, 눈의 효과), 모네, 1890~1891

Meules(Fin de l'Été) 건초 더미(여름의 끝), 모네, 1890~1891

Meule, Crépuscule 석양의 건초 더미, 모네, 1890~1891

같은 장소에서 같은 대상을 3년에 걸쳐 스물다섯 점이나 그린 연작입니다. '빛'과 '대기'까지 그림에 담으려고 했던 모네의 고뇌가 느껴집니다.

전히 이에 반하는 이들도 많았고요, 급변했거나 너무 앞서나간 스타일이 하루아침에 받아들여지긴 쉽지가 않죠. 하지만 〈건초 더미〉 연작을 보면서 사람들은 같은 장소, 같은 대상이더라도 시시각각으로 조금씩 다른 모습을 하고 있음을 조금씩 깨달았죠. 자연이란 언제 어느 때든 똑같은 풍경인 적이 없다는 점, 모네가 붓과 물감으로 표현한 것이 바로 내가 바라보는 자연임을 서서히 느끼기 시작한 것이었습니다.

모네는 다시 한번 위대한 도전을 했죠. 〈건초 더미〉 연작으로 그린 작품 수의 무려 두 배가 넘는, 오십여 점을 그린 〈루앙 대성당Cathédrale de Rouen(1892~1894)〉 연작이 바로 그것입니다. 자연물인 건초 더미에서 인간이 만든 인공물로 시선을 이동하여 건축물이 다양한 시점과 빛 아래에서 어떻게 달라 보이는지를 그린 연작이었는데요. 모네가 〈루앙 대성당〉 연작을 그리며 미술품 거래상 폴 뒤랑뤼엘Pail Durand-Ruel에게 한 말을 보면 루앙 대성당을 그리는 일에 모네가 얼마나 열중했는지 짐작할 만하죠. "저는 열심히 작업 중입니다. 지금은 성당이 아닌 다른 것들은 떠오르지 않습니다. 어마어마한 작업입니다."

지금 보기에는 특별할 것도, 이상할 것도 없는 그림이지만 당시로서는 파격적인 방법이었기에 많은 사람들이 처음에는 모네의 그림을 이해하기 어려워했습니다. 하지만 모네가 우직하게 그려나간 작업들은 풍경을 새로이 인식하게 만들어주었죠. 많은 이들이 모네의 그림을 보고 밖으로 나가 다시 진지하게 자연을 관찰할 정도였다고 해요. 언제나 거

Cathédrale de Rouen, Façade Ouest 루앙 대성당, 서쪽 파사드, 모네, 1894

인간이 만든 건축물이 다양한 시점과 다양한 빛 아래에서 어떻게 달라 보이는지를 그린 연작입니다. 어마어마한 작업이죠.

Cathédrale de Rouen, Façade Ouest, au Soleil
루앙 대성당, 서쪽 파사드, 태양 아래, 모네, 1894

Le Portail(Temps Gris)
루앙 대성당, 정면(회색의 시간), 모네, 1892

대한 기존 세력의 벽에 부딪혀 좌절하기만 했던, 긴긴 시간 내내 자신들의 작품을 사람들이 알아봐 주길 바라며 온갖 비난에도 묵묵히 인내해야 했던 날들을 지나 비로소 인상주의가 많은 사람들에게 인정을 받기 시작했고요. 모네는 지금까지 흘러오던 미술의 흐름을 완전히 다른 방향으로 꺾은 화가였습니다. 덕분에 야수파나 입체파 같은 추상미술이 탄생할 수 있었어요. 더불어 상업적으로도 승승장구하여 그림이 비싼 값에 팔려나갔습니다. 모네가 지베르니의 저택을 사서 정원을 꾸미고 살며 그곳에서 남은 생을 보낼 수 있었던 경제적인 발판을 마련한 것도 바로 이 시점이었죠.

성공한 노년이었습니다. 저택을 사고 정원을 화려하게 꾸미는 데 열중했던, 부족할 것이 없는 풍요로운 날들이었죠. 그의 오십 대는 거의 저택 주변의 땅을 사들이고 정원을 가꾸는 데 보냈을 정도였으니까요. 젊은 시절처럼 아름다운 풍경을 찾아 여행을 떠나기에는 더 이상 신체가 받쳐주지 못했다는 점도 무시하기 어려웠을 테죠. 모네는 여유로움을 혼자 누리지 않고 주변을 돌아볼 줄 아는 거장이자 대선배였는데요. 폴 세잔이나 베르트 모리조처럼 자신의 화가 친구들 혹은 뜨지 못한 화가들에게도 자상하게 마음을 썼다고 합니다. 일부러 그림을 사주고, 돈을 빌려주고, 자신의 도움이 필요한 일은 없는지 들여다보면서요. 겸손하기로도 유명했는데 말년에는 프랑스 정부에서 주는 레지옹도뇌르 훈장도 거절했습니다. 자신은 그걸 받을 자격이 없다면서요.

모네는 집 뒤편에 있던 습지를 백합 연못으로 만들고 그때 유럽에서 한창 유행했고 모네 또한 매료되었던 일본풍의 아치형 다리를 설치하며 정원을 더욱 넓혔는데요. 이곳의 여러 풍경들은 말년에 모네가 남긴 역작의 배경이 되기도 했습니다. 모네는 이 아치형 다리 위에서 연못과 정원을 바라보며 그리기도 하고, 다리를 소재로 그리기도 했습니다. 모네의 걸작으로 우리에게도 익숙한 풍경들이죠. '그리고 모네는 지베르니의 아름다운 저택에서 여생을 즐기며 영원히 행복하게 살았답니다'라며 끝나야 자연스러울 듯한 그의 남은 날들은 사실 바람대로 흘러가지 않았습니다. 행복한 시간은 짧았고, 비극은 다시 그를 덮쳤죠. 〈수련 Nymphéas(1914~1926)〉 연작으로 대표되는 말년의 작품들은 너무나도 아름다워서 이면의 슬픔이 잘 드러나지 않는데요. 모네가 고통 속에 하루하루를 보냈던 젊은 날들에 그린 그림에서도 드러나지 않았던 아픔들처럼 사실 새롭지 않은 사실이지만요. 말년에 자신의 정원에서 그린 아름다운 그림 뒤에는 말로 다 하기 어려운 애통함이 숨어 있었습니다.

카미유가 모네의 마지막 반려자는 아니었습니다. 모네는 카미유가 사망한 뒤에 알리스 호셰데Alice Hoschedé라는 여인과 재혼하여 함께 살고 있었어요. 알리스 또한 백혈병에 걸려 힘겹게 투병하다 1911년에 먼저 세상을 떠나고 맙니다. 사랑하는 아내를 둘이나 먼저 떠나보낸 이의 마음은 어떠했을까요. 감히 짐작도 할 수 없습니다. 한동안은 붓을 들 기운조차 없었는지 알리스가 떠났을 무렵에는 작품도 몇 점 남아 있지 않습니다. 비극은 여기서 끝나지 않았습니다. 제1차 세계대전이 발발한 1914년, 눈에 넣어도 아프지 않았던 첫째 아들 장이 병으로 그만 숨을 거둡니다. 갓 태어나 요람에 누워 있던 모습, 엄마의 무릎을 베고 공원에 아무렇게나 누워 있던 모습, 천사처럼 잠든 모습, 꽃밭을 걷는 모습 등등 풍경화에 몰두한 화가는 아들을 볼 때만큼은 인물화에 진심인 화가처럼 사랑스러운 장면을 캔버스에 담았던 것, 기억하시나요? 그토록 사랑했던 아들까지 잃은 모네가 고통에 빠져 허우적댈 때 둘째 아들 미셸마저 제1차 세계대전에 징집되어 집을 떠났습니다. 모네는 하나 남은 아들마저 잃게 될까 두려워 하루하루를 불안함 속에 보내야만 했습니다.

　　그때, 모네는 다시 붓을 잡고 미친 사람처럼 그림을 그리기 시작합니다. 마치 모든 이별에 대한 아픔을 그림으로 잊겠다는 듯 정원의 일본풍 다리 위에 앉아 연못 위에 뜬 수련을 그리는 데 온 마음을 바칩니다. 우리가 아름답게만 봤던 〈수련〉 연작에는 이런 안타까운 사연이 숨어 있었죠. 모네에게 수련은 사실 아픔을 잊기 위한 그림이었던 겁니다. 이런 사연을 알고 그림을 보면 서정적인 슬픔이 한 겹 입혀지죠.

　　이게 바닥인가 했을 때 지하로 내려가더라는 잔인한 말은 누가 만든 걸까요. 하지만 모네의 처지가 바로 그랬습니다. 모네 자신의 건강에 문제가 생기고 말았습니다. 1912년 72세가 되던 해에 평생 동안 혹사시킨 눈에 백내장이 찾아온 것입니다. 세잔이 말한 대로 모네는 눈이고, 비교할 수 없을 만큼 위대한 그 눈을 빼놓고는 모네를 이야기할 수 없는데요. 바로 그 눈에 백내장이 생긴 거죠. 남들보다 자연광에 집착하며 바깥에서 그림을 많이 그렸기에 눈에도 자극이 누적되었고, 끝내 실명 상태를 코앞에 두게 됩니다. 오른쪽 눈은 아예 보이지 않았고, 왼쪽 눈도 실명이 되기 직전이었죠.

　　그럼에도 불구하고 모네는 붓을 놓지 않았습니다. 자신의 정원에 핀 수련을, 정원을 그리고 또 그렸죠. 잘 보이지 않는 눈으로 그리는 그림 은, 당연한 말이겠지만 예전과 같지 않았습니다. 모네의 정원으로 들어 가는 길은 양옆으로 키가 큰 꽃들이 화사하게 펴 있고, 아케이드를 연상 시키듯 아치형 꽃 장식이 이어지는 입구가 몹시도 아름다운데요. 백내장 에 걸린 이후에 모네가 정원을 그린 그림들은 그의 다른 그림들과 달리 아름답다고만 보기는 어렵죠. 귀가 어두워져가는 사람의 목소리가 점점 커지듯, 눈이 점점 흐려져가던 모네는 더 또렷하게 그리겠다고 그림에 물감을 덧칠하고 또 덧칠했거든요. 두꺼운 칠이 겹겹이 층을 더하며 그 림을 이루는 색채의 조화는 더욱 난해해져만 가고, 완성한 그림은 물감 을 엎지른 듯 전체의 색이 조화를 이루지 못하는 모양이 되고 말았죠. 그 럼에도 모네는 꿋꿋이 그림을 그렸습니다. 실명 위기에 처한 모네의 고 통이 얼마나 심했는지 느껴지는 부분이죠.

　　불행 중 다행이었습니다. 모네의 백내장은 수술이 가능했습니다. 시력을 완전히 잃기 전, 백내장을 앓기 시작한 지 10여 년만인 1923년 에 드디어 백내장 제거 수술을 받았죠. 하지만 햇빛에 눈이 노출되는 건

가능한 한 조심해야 했고 바깥에선 선글라스를 낀 채로 생활해야 했습니다. 모네는 그때 생각했습니다. 이번에는 수술로 백내장을 제거했지만, 내 눈은 언제든 고장이 날 수도 있다고 말이죠. 모네는 그때 이렇게 말했다고 해요. "나는 아무것도 볼 수 없어지기 전에 모든 것을 그리고 싶다." 실명하기 전에 그릴 수 있는 모든 것을 그리고 싶다는 마음이었겠죠.

때마침 모네에게 한 가지 제안이 들어옵니다. 친구이자 정치가였던 조르주 클레망소Georges Clemenceau가 말하길 자신이 같은 작품을 계속해서 전시할 수 있는 상설전시관을 마련할 테니 〈수련〉 연작을 그려보지 않겠냐고 말이죠. 모네는 자신이 죽고 난 후에도 프랑스 사람들이 언제 어느 때고 보게 될 이 그림을 완성하는 것을 남은 생의 목표로 정합니다. 간신히 회복한 시력으로 그때부터 죽기 전에 완성하겠다는 마음으로 혼신을 다해 〈수련〉 연작을 그리기 시작했어요. 그 대표작이 바로 〈수련, 아침Les Nymphéas, Matin(1915~1926)〉이죠. 화가이자 미술 이론가인 아메데 오장팡Amédée Ozenfant은 〈수련〉 연작을 보면서 "모네는 수련 연작을 그리는 데 말년을 바쳤다. 그림을 본 순간 너무나 큰 감동을 받은 나머지 화가에게 경의를 표하기 위해 모자를 벗었다. (…) 모네의 작품은 고상하면서도 힘이 넘친다"라고 극찬하기도 했습니다.

처음 의뢰한 쪽의 계획이 틀어져 〈수련〉 연작은 모두 파리의 오랑주리미술관에 걸렸고 지금까지 그곳에 전시되고 있습니다. 오랑주리미술관의 둥근 벽을 따라 전시되어 있는 〈수련〉 연작은 보는 이들을 깊

은 감동에 빠지게 하는데요. 아름답기만 한 이 그림이 그려진 배경에는 이토록 깊은 슬픔과, 간절함과, 고통이 녹아 있었던 겁니다. 사연을 알고 나면 그림은 아름답기만 한 것을 넘어 잔잔한 호수의 표면을 보면 차분해지고 편안해지기도 합니다. 모네는 〈수련〉을 보는 순간만큼은 사람들이 평화로운 마음으로 명상하는 시간을 보내기를 바랐다고도 하죠. 스스로가 자신의 정원에서 얻은 위안이었을까요. 모네가 온전하지 못한 눈으로 노년을 바쳐 자신의 정원을 끝없이 캔버스에 그려낸 이유는 그러했습니다. 〈수련〉 연작을 완성하고 1926년 12월 5일에 86세의 나이로 모네가 세상을 떠나던 날 그가 사랑한 지베르니에서 장례식이 진행되던 순간, 친구들은 그의 관을 덮은 검은 천을 치우고 화려한 꽃무늬 천을 가져와서 대신 덮어주었습니다. 모네에게 빛이 존재하지 않는 검은색이란 없

Les Nymphéas, Matin 수련, 아침, 모네, 1915~1926
파리 오랑주리미술관의 둥근 벽을 따라 전시되어 있는 〈수련〉 연작은 보는 이들을 깊은 감동에
빠지게 합니다.

다면서요.

아무도 인정하지 않았던 그림으로 결국 세상 모든 사람들의 마음
을 울린 화가, 모네가 한 말이라 더 위로가 되는 이 말은 꿈을 이루고자
하지만 세상의 잣대에 원치 않게 재단되어 좌절해 본, 아마 우리 모두에
게 필요한 말이 아닐까 싶습니다.

"대중이 내 그림을 보고 왈가왈부할 수는 있다. 그러나 내 인생은
그 누구의 것도 아닌 바로 나의 것이다."

인상주의 뒷이야기

폴 뒤랑뤼엘의 초상Portrait de Paul Durand-Ruel,
르누아르, 1910

인상파의 지원자 화상 폴 뒤랑뤼엘

폴 뒤랑뤼엘은 냉대받던 인상주의 화가들을 유명하게 만들어준 일등 공신입니다. 미술 재료 상점을 운영하던 뒤랑뤼엘은 그림을 판매하기 위해 증권 거래소와 은행, 카페 등이 많이 위치한 파리의 라파예트 거리에 화랑을 열었습니다. 모네와의 만남은 1870년 보불전쟁 당시 전쟁을 피해 떠났던 영국의 런던에서였습니다. 모네 외에도 마네, 르누아르, 드가 등 인상파 화가들의 그림의 가치를 알아보고 구입했습니다. 그들을 위해 자신의 갤러리에서 전시회를 열고 후원을 해주기도 했죠. 화가들에게 생활비를 지급했다고도 하니 그 애정이 얼마나 대단했는지 알 수 있습니다. 1886년에는 인상주의 작품을 뉴욕으로 가져가 전시회를 열었고 미국의 평론가들에게 좋은 평가를 받으며 고가에 그림이 팔리기 시작하면서 아이러니하게도 그 명성은 프랑스로 역수입되며 인상주의를 알리는 계기가 됩니다. 그는 인상주의뿐 아니라 대중들에게 외면당했던 화가들의 작품을 미리 알아보고 구입했습니다. 대표적으로 앙리 루소, 프랑수아 밀레도 그의 후원을 받았다고 하니, 선구안이 참 대단하죠?

라 그랑 자트 섬의 일요일Un Dimanche Aprés-midi à l'île de la Grande Jatte, 조르주 쇠라, 1884~1886

신인상주의 점묘법

신인상주의는 말 그대로 새로운 인상주의라는 뜻입니다. 선구자는 조르주 쇠라Georges Seurat로 빛의 움직임, 순간의 인상을 빠른 붓 터치로 그려냈습니다. 쇠라 또한 인상주의에 몸담고 있었죠. 하지만 곧 밝은 빛을 담고자 했던 인상파의 그림에 문제가 있다는 것을 발견합니다. 감산혼합, 가산혼합, 한번쯤 들어보셨죠. 감산혼합인 물감은 섞으면 섞을수록 어두워집니다. 하지만 가산혼합인 빛은 섞으면 섞을수록 밝아집니다. 빛을 담고자 했지만 물감으로는 밝은 빛을 담기에는 부족했죠. 이때 사진가이기도 했던 쇠라는 광학을 연구하고 사진 필름의 입자와 같이 대상을 수천 개의 작은 점으로 표현했습니다. 물감을 팔레트에 섞는 게 아니라 캔버스에 점으로 찍어서 관람자의 망막에서 색이 혼합되도록 했습니다. 먼 거리에서 보면 색점이 합쳐져 보이며 생기 넘치는 빛을 표현했습니다. 비평가 펠릭스 페네옹은 이 점묘주의 화가들에게 인상주의와 구별하여 따로 '신인상주의'라 이름을 붙여줍니다. 〈라 그랑 자트 섬의 일요일〉은 점묘법의 선언 같은 작품입니다. 아주 오랜 시간 세세하게 작은 점을 찍어 그렸을 화가의 모습을 생각하면 얼마나 인내심이 강한 사람이었는지 알 수 있습니다.

별이 빛나는 밤La Nuit Étoilée, 빈센트 반 고흐 1889
천사와 씨름하는 야곱La Lutte de Jacob avec l'Ange, 폴 고갱, 1888
사과 바구니가 있는 정물La Corbeille de Pommes, 폴 세잔, 1890~1894

후기 인상주의

후기 인상주의는 영국의 화가이자 미술평론가 로저 프라이Roger Fry가 1910년 겨울에 런던의 화랑에서 기획, 개최한 〈마네와 후기 인상주의 전〉이란 이름에서 등장합니다. 독특하게도 전시회 이름에서 나온 용어라고 할 수 있죠. 그 전시회의 대표 화가는 빈센트 반 고흐Vincent van Gogh, 폴 고갱Paul Gauguin, 폴 세잔Paul Cézanne이었습니다. 넓게는 툴루즈로트레크와 에드가 드가를 포함시키기도 합니다.

이들은 모두 인상주의에 발을 담근 적 있으나 곧 자신만의 표현법을 찾았죠. 그리고 세 명 모두 표현법이 다릅니다. 결국 인상주의에서 더 나아가 개성적인 표현법을 찾고 새로운 20세기 회화의 발전에 영향을 준 화가들을 일괄한다는 뜻으로 '후기 인상주의'라 부릅니다. 인상주의 이후의 그림들로 생각하면 좋을 것 같네요. 이들 그림의 공간 구성, 원근법 파괴, 감정의 표현, 색채의 독특한 사용은 이후 피카소, 마티스 등 20세기의 거장들이 탄생할 수 있는 도화선이 되었습니다.

EBS CLASS ⓔ 시리즈 16

도슨트 정우철의

미술 극장

1판 1쇄 발행 2021년 5월 31일
1판 6쇄 발행 2024년 5월 25일

지은이 정우철

펴낸이 김유열 | **디지털학교교육본부장** 유규오 | **출판국장** 이상호
교재기획부장 박혜숙 | **교재기획부** 장효순

책임편집 김민영 | **글 정리** 신혜진 | **디자인** 온마이페이퍼 | **인쇄** 애드그린인쇄

펴낸곳 한국교육방송공사(EBS)
출판신고 2001년 1월 8일 제2017-000193호
주소 경기도 고양시 일산동구 한류월드로 281
대표전화 1588-1580 **홈페이지** www.ebs.co.kr
이메일 ebsbooks@ebs.co.kr

ISBN 978-89-547-5824-6 04300
       978-89-547-5388-3 (세트)

ⓒ 2021, 정우철